产品管理工具 应用教程

张慧 主编

余益民　李霞　李依璘　副主编

U0367503

化学工业出版社
·北京·

内容简介

本书具体内容包括：新产品研发管理工具（包括创新管理工具以及新产品研发流程管理工具）、产品研发管理工具之竞品分析、产品质量控制工具（包括调查表、排列图、分层图、直方图、控制图、因果图、散布图等）、产品生命周期管理工具、产品分析工具之波士顿矩阵分析模型等。

本书是产品经理及相关岗位工具书，适合于产品管理及相关经管类专业师生教学使用，也可供产品管理相关的从业人员阅读参考。

图书在版编目（CIP）数据

产品管理工具应用教程/张慧主编. —北京：化学
工业出版社，2020.12
 ISBN 978-7-122-37847-7

Ⅰ.①产⋯　Ⅱ.①张⋯　Ⅲ.①产品管理–教材
Ⅳ.①F273.2

中国版本图书馆CIP数据核字（2020）第189917号

责任编辑：李彦玲	文字编辑：温月仙　陈小滔
责任校对：张雨彤	装帧设计：王晓宇

出版发行：化学工业出版社（北京市东城区青年湖南街13号　邮政编码100011）
印　　装：大厂聚鑫印刷有限责任公司
787mm×1092mm　1/16　印张9　字数150千字　2021年1月北京第1版第1次印刷

购书咨询：010-64518888　　　　　　　　　　售后服务：010-64518899
网　　址：http://www.cip.com.cn

凡购买本书，如有缺损质量问题，本社销售中心负责调换。

定　　价：45.00元

前言

　　当今世界竞争激烈，环境变化快速，随着技术的进步涌现了越来越多的新岗位，新工作内容，产品管理相关方向属于新兴的岗位类型，在国际上发展较快，现在也在逐渐影响国内管理，许多大型的公司例如宝洁、阿里、腾讯等公司都采用产品经理管理模式，相关岗位需求量大，未来发展前景广阔。本书正是在这样的背景下编写的，以应对相关的管理需求，详细分析产品管理相关的各环节的常用工具，帮助管理人员更有效地开展管理工作。

　　全书内容共分五大工具模块，对新产品开发、生产、运营、营销等整个生命周期相关各方面使用工具进行了详细的讲解。张慧任主编，余益民、李霞、李依璘任副主编，郑岚、廖雯参编。具体分工如下：张慧编写了新产品开发管理工具部分，郑岚编写了产品研发管理工具部分，余益民编写了产品生命周期管理工具部分，李霞编写了产品质量管理工具部分，李依璘与廖雯老师共同编写了产品分析工具部分。在编写过程中，参阅了国内外许多相关教材和文献，在此谨向这些教材和资料的作者致敬。

　　尽管编写人员在编写过程中已经做出很大努力，但是由于笔者水平和时间有限，书中难免有不足之处，敬祈各位专家、读者批评指正。

编者

2020 年 6 月

目录

工具一
产品研发管理工具

阿里巴巴的成功秘诀

阿里巴巴集团在中国的电子商务领域建立了一个传奇王国，即便是在2018年中国股市出现悬崖式下跌，整体投资意愿锐减的时候，蚂蚁金服依旧能够完成140亿美元的融资。这轮融资让蚂蚁金服估值达到1500亿美元，成为全球估值最高的私有科技公司。

阿里巴巴创业团队一开始的目标只是帮助中小企业成功，这一明确的目标让阿里巴巴有了明确的商业定位，他们一开始就将目光放在信息流上。开发淘宝网作为平台来完成电子商务的信息流交换，并开创免费会员制，助力中小微企业，这一定位让淘宝汇聚了无数商家、买家，并由此诞生了支付宝——一个安全的第三方支付平台。这都是阿里巴巴电子商务方面的创新举措，这些举措让阿里巴巴集团获得了巨大的成功，成功登顶中国电商王座。

但是仅仅只是电子商务并不能完全满足阿里巴巴集团发展的脚步，在瞬息万变的互联网领域，如同逆水行舟，不进则退。

阿里巴巴开始思考新零售的模式，尝试融合线上线下销售，并创立了盒马鲜生。消费者可到实体店里购买，也可以在盒马软件下单，门店附近3公里范围内，30分钟送货上门。

正是这一次又一次的尝试，一个又一个创新，让阿里巴巴始终保持活力，并逐渐进化为一个庞大的商业集团。这只充满活力的商业巨鳄正在朝下一个方向努力，即大数据。这又是一个新鲜的领域，拥有着无数商家与买家的阿里巴巴，以电商、金融、物流、云计算、文娱为场景产生数据，再用数据来反哺这些大行业谋求发展。

第一节　创新管理工具

想出新办法的人在他的办法没有成功以前，人家总说他是异想天开。

——马克·吐温

【知识要点】

1.掌握创新管理工具的基本概念。

2.了解不同创新管理工具的特点。

【技能要点】

1.能够明确创新管理是对思维的锻炼。

2.掌握工具的使用。

【素质任务】

1.养成逆向思考的能力。

2.锻炼坚韧、勇敢等综合职业素养。

特仑苏的成功

在食品消费市场上，牛奶始终被看作是一种大众消费品。蒙牛作为奶制品企业中的翘楚，看似风光，却一直为自家的产品毛利率感到头痛。

人们愿意花大价钱去买牛奶喝吗？这看似是一个不可能的命题，大部分人认为纯牛奶领域内是无法做出花样的，但是蒙牛不信，在人们的质疑声中，强势推出高端牛奶系列产品——特仑苏。

特仑苏是中国市场上第一个高端牛奶品牌。它始终坚持创新，通过采用专属牧场的高品质奶源，以及坚持业内高标准的原料甄选和生产工艺，为消费者提供至高品质的营养，更强调产品本身的天然优质乳蛋白和高钙营养。

即使后续其他品牌商也陆续跟着推出了高端产品系列，市场被再度细分，但是特仑苏的市场表现一直都非常优秀，市场份额也相对较高，这可以说是蒙牛非常成功的一次新产品开发！

请根据以上文字内容，思考创新对于新产品的开发意味着什么？

一、新产品开发与创新

新产品的开发对于任何企业而言都至关重要，没有新的产品，企业是无法长久生存下去的，许多企业都有伟大的愿景与目标，但是企业愿景与目标的实现，离不开产品线的支撑。现在很多企业，尤其是传统企业似乎产品开发已经枯竭了，只能通过开拓新市场、改良现有产品来维持市场份额。

对于大部分公司而言，开发与创新之间是有很大差距的。开发可以是原有产品的改进，很多庞大的企业想要获得新产品开发并不难，因为他们已然拥有了众多生产线，产品具有鲜明的特色，但是想要创新却不容易，创新需要勇气，需要直面风险的胆量，需要长远的眼光，需要对未来的把控。经常被引为案例的经典就是苹果公司，对于绝大多数公司而言，苹果公司是望尘莫及的，是心中的仰望，想要复制其成功很难。但是如果大家再细致地分析苹果公司，不难发现苹果公司的成功并不是没有任何规律可循的，而是创新使然。

其实，不只是苹果公司，也有很多公司曾有过非常经典的创新案例，比如宝洁公司的Olay等。创新是一个汉语词语，一指创立或创造新的，二指首先。

创新是指以现有的思维模式提出有别于常规或常人思路的见解为导向，利用现有的知识和物质，在特定的环境中，本着理想化需要或为满足社会需求，而改进或创造新的事物、方法、元素、路径、环境，并能获得一定有益效果的行为。在经济和社会领域生产或采用、同化和开发一种增值新产品；更新和扩大产品、服务和市场；发展新的生产方法；建立新的管理制度。它既是一个过程，也是一个结果。

创新的途径有两类，一种是改进，一种是完全的创造。无论哪种都离不开思维模式，甚至可以说创新是想法构成的基本要素，它可以是形象化的、具体的或抽象的。创新贯穿整个产品开发过程，包括其间所有的活动与流程，想要产生初步的产品概念离不开创新，想要解决客户的痛点问题、实际问题离不开创新，甚至后期规划上市也需要创新打响市场大战的第一炮。

创新是否有方法可循呢？

答案是肯定的，许多人惧怕创新，认为创新只属于天才，但经过众多学者多年的研究总结，还是找到了一些工具来帮助大家实现创新。

二、SCAMPER策略

SCAMPER策略又称为奔驰法，是由美国教育管理者罗伯特·艾伯伦提出的一种综合性思维策略，SCAMPER 是由 7 个英文单词或短语的首字母组成，代表了 7 种不同的思考维度，帮助大家从多角度看待同一个事物，以利于大家改善现有产品或者创造新产品等。

Substitute：替代。包括成分、材料、人员、地点等的替代。即可以通过替代这个角度，针对产品进行提问来完成创新的过程，例如平时使用的纸，在厕所时，我们需要纸可以溶于水，这样方便我们扔进马桶顺水一起冲走，厕所不留异味，因此，我们发现了更好的溶于水的厕纸。另外洗过脸以后通常是使用布料进行擦拭，但若清洁不及时，毛巾上反而容易滋生大量的细菌，因此如果可以使用价格更便宜的纸来替代布料，用过即扔，既方便又卫生，但是需要纸的材料既不溶于水，按压擦拭又不会产生纸屑，因此出现了棉柔巾。利用替代的思路可产生新的产品，帮助人们达成想要的结果。

Combine：结合。包括混合，与其他功能的整合、组合等。即可以通过结合这个角度，针对产品进行提问来完成创新的过程，例如能否将不相干的东西结合起来呢？可以将产品进行细化，将其各个环节拆分进行结合，也可以引入新的事物与原本的产品环节进行结合。

材料可以重新结合，产生新的材料，例如，透明混凝土砖成分是由普通混凝土和玻璃纤维组成的，这种新型混凝土可透过光线。它是由匈牙利建筑师阿隆·罗索尼奇发明的，并通过展览迅速在业界传播。据建筑师本人说，透明混凝土的灵感来自他在布达佩斯看到的一件艺术作品，它是由玻璃和普通的混凝土做的，这两者的结合启发了他。

产品概念也可以重新结合，例如洗发水可以根据功能的不同，区分去屑型洗发水、滋养型洗发水、柔顺型洗发水、香氛型洗发水等，根据性别的不同，可以分为男士洗发水、女士洗发水等。

还有非常多的结合形式，例如根据不同的目的进行结合、根据地点的不同进行结合，甚至可以将两个不同的产品进行结合，形成新的产品等。结合方法的多样性，使产品的创新也具有了多样性，不同的结合可以碰撞出不同的创新火花。

Adapt：适用。包括改变产生的适用或者适应环境等产生的变化等。即可以通过适用这个角度，针对产品进行提问来完成创新的过程，例如如果将其他行业或者其他产品拿来完成本产品的改造是否能够适用？例如，线上购物形式发展得如火如荼，一开始大家只是在网上进行生活用品的购买，那么饮食是否可以利用网上购买完成呢？美团、饿了么等利用适用角度将线上购物应用于饮食行业，实现了人们想要不出门不做饭的愿望，因此，餐饮行业也从线下战场转入了线上战场，在这个过程中，很多新软件应运而生，产生了很多新兴行业巨头。

Modify（magnify，minify）：改造与调整。包括改变部分结构，改变形式，放大、缩小、调整形状、规模等。即可以通过改造与调整这个角度，针对产品进行提问来完成创新的过程，例如，外形的改造，这个非常经典的案例就是苹果手机，苹果手机的界面显示更为细腻、画面效果更加柔和，包含了独有的美学设计，这吸引了大量的粉丝，让世界为之惊艳。

还有功能的调整，例如手机将照相、社交、游戏、支付等功能都吸收进来，相当于放大了手机的功能性，因此，人们现在离不开的最重要的产品就是手机。

Put to other uses：挪作他用或者改变意图。即可以通过挪作他用或改变意图这个角度，针对产品进行提问来完成创新的过程，例如脑白金作为单纯的保健品，销量并不好，但是转换了思路以后，将其以老年人的礼品作为卖点，反而销量火爆。

Eliminate：消除。包括简化，去掉部分功能或特征，凸显核心功能等。即可以通过消除这个角度，针对产品进行提问完成创新的过程。引入一个经典案例，大家会更好地体会凸显核心功能的重要性，智能手机的出现改变了消费者的生活方式，手机中也加入了越来越多的功能，让人们可以更方便地使用，但是繁多的功能，眼花缭乱的软件适合年轻人，因为大家喜欢新鲜事物，愿意尝鲜的同时，也愿意为了新功能进行学习。但是却不适合老年人，在此情况下出现了老年机的热销，老年机是针对老年人的身心特征，将屏幕上的字放得更大一些，铃声更响一些，繁多的功能都进行了简化，只针对老年人社交娱乐留下了几个重要的功能，这样返璞归真的手机，反而得到了很多老年人的欢迎。

Reverse（rearrange）：逆向操作、重新安排。包括里外对换、上下颠倒、逆转、重组等。即可以通过逆向这个角度，针对产品进行提问完成创新的过程。我们从一个经典案例来看看逆向角度是如何帮助人们完成创新的。

> 丹麦哥本哈根大学的物理教授汉斯·奥斯特有一次在上晚间课的时候，将通电导线与磁针平行放置，发现磁针微微跳动，这个现象引起了他极大的兴趣。他为之进行了60多次实验，考察电流对磁针的影响，历时三个月终于证实了电流对磁力的横向作用，由此，揭开了电磁学的序幕。

这一发现吸引了很多人参与到电磁学的研究中去，其中法拉第利用逆向的角度对电磁学进行了思考，认为既然电流会对磁针产生影响，那么磁场应该也能产生电。为了证实这一想法，他从1821年开始进行相关实验，一直到1831年，他建立了一个闭合电路，并在闭合电路中进行磁场的改变，通过无数次的实验，后来发现闭合电路的一部分导体在磁场里做切割磁感线的运动时，导体中会产生电流，由此提出了电磁感应定律，并根据这一定律发明了世界上第一台发电装置。如今，他的定律正深刻地改变着我们的生活。法拉第成功地发现电磁感应定律，是运用逆向操作方法实现创新的一次重大胜利。

通过不同角度来不断地推敲产品、甚至是产品开发中的某个环节，可以帮助我们有效地实现创新，在这个过程中还会产生很多新奇想法，此时就需要我们进行创意的筛选，只有产生真正符合消费者需求的新产品才能给企业带来全新的生命。

三、六顶思考帽

六顶思考帽是由爱德华·德·博诺博士开发的一种全面思考问题的模型，这个思维工具可以帮助人们利用平行思维方式，更好地面向目标前进，高效利用团队，而不是纠结细枝末节或者偏向歧路本末倒置，避免在讨论中出现相互推诿、相互争执的现象。爱德华·德·博诺博士第一次把创新思维的研究建立在科学的基础上。基于其无比的贡献，欧洲创新协会将他列为人类历史上贡献最大的250人之一。他在世界企业界拥有广泛影响。

六顶思考帽工具现已在多个企业应用中得到实践，效果显著，并在国际上获得了广泛的肯定与推广。例如：德国西门子公司通过学习思维工具使产品开发时间减少了30%。英国电视台第4频道（Channel 4）反应，通过接受培训，他们在两天内创造出的新点子比过去六个月里想出的还要多。英国的施乐公司明确表示，通过使用所学的技巧和工具使他们仅用不到一天的时间就完成了过去需一周才能完成的工作。芬兰的ABB公司通过六顶思考帽工具将曾经需要花30天讨论的国际项目压缩为2天。J.P.Morgan通过使用六顶思考帽，将会议时间减少80%，并改变了他们在欧洲的文化。麦当劳日本公司让员工参加六顶思考帽思维训练，取得了显著成效——员工更有激情，坦白交流减少了"黑色思考帽"的消极作用。杜邦公司也广泛运用六顶思考帽，在产品文案、产品更新等多环节实现了创新。

六顶思考帽鼓励团队成员将思维模式分为六种明确的职能和角色，用六种不同颜色的帽子代替六种不同的思维模式，每种角色对应一种颜色的思考帽。

六顶思考帽工具使我们将思考的不同方面分开，这样，我们可以依次对问题的不同侧面给予足够的重视和充分的考虑。一个典型的六顶思考帽工具应用流程如下：

第一步：白帽子，陈述问题事实。

白色帽子代表的是客观、中立；是事实、是信息、是数据，而不是解释。因此，白帽子在使用的过程中只是陈列事实本身，德博诺博士将这种白色思维形象地比喻为电脑化地收集数据并提炼事实，即用事实和数据支持一种观点。

在戴白色帽子思考的时候，需要注意思考要全面，主要体现在将注意力更多地放在信息本身上，例如，已经获得了什么，还需要什么，如何获得这些问题上，而不是这些信息是对还是错，是不是正常的，是否符合我们的观点。在白色帽子期间，我们不需要对信息进行筛选，如果出现前后信息表达结果相反的情况，也只需将不同观点的信息罗列在一起。

第二步：绿帽子，提出解决问题的建议。

绿色代表生长、发育，是新生的颜色，这意味着绿色帽子是"活跃的"帽子。在戴绿色帽子的时候可以想象草地、森林、土地，新生本身就包含着创造力。因此，绿色帽子是用来进行创造性思考的，创造性思考意味着新的想法、创意、选择、提案等，绿色帽子关注的是建议和提议。

这里的重点在于"新"。当戴上绿色帽子的时候，要主动进行思考，要积极地出主意，而不是对主题的一个被动反应。此时，我们不需要对新想法进行利弊分析，只需要激发出新想法、新建议就可以，即使是有人提出的建议行不通，也没必要进行针对可行性的讨论或者解释，只需要把这个想法记录下来。

第三、四步：黄帽子与黑帽子，评估建议的优缺点。列举优点（黄帽子），列举缺点（黑帽子）。

看到黄色，第一时间会想到阳光，阳光出现的地方便充满快乐，这是光明的力量，也包含着积极的含义。它代表事物合乎逻辑性，具有积极的一面，即想法的优点和可获得的利益等。在使用黄色帽子的时候，需要更多地思考积极因素，要对绿色提出的建议、想法提出它的优点是什么，哪里有价值，哪里吸引人，哪里可行等。注意黄帽子在使用的时候一定是合乎逻辑的，如果只有情感表达那属于红帽子。

看到黑色，第一时间会想到黑暗，这象征着否定、批评、谨慎，对风险的评估等。使用黑帽思维的主要目的有两个：发现缺点，做出评价。黑帽思维有许多检查的功能，我们可以用它来检查证据、逻辑、可能性、影响、适用性和缺点。通过黑色帽子指出会遇到的困难，对所有的问题给出合乎逻辑的理由，可以让你做出最佳决策。当用在黄色思维之后，它是一个强效有力的评估工具。黑色帽子问的总是"哪里有问题"。被德博诺博士视为做出最佳决策的必经之路。但在使用黑帽子的时候要注意避免沉浸在攻击他人的快感里。

第五步：红帽子，对各项方案进行直觉判断。

红色的火焰，使人想到热烈与情绪。它是对某种事或某种观点的预感、直觉和印象；它既不是事实也不是逻辑思考；它与不偏不倚的、客观的、不带感情色彩的白帽子相反。红帽子是完全的主观、有偏好、有强烈的个人感情色彩，就像一面镜子，反射人们的一切感受。

戴上红帽子以后就不需要给出理由、不需要给出根据，只需要根据自身的直觉、情感诚实地表达，尽量将思考实践限定在极短的时间内，帮助快速说出如实的感受。

第六步：蓝帽子，总结并最终决策。

蓝色思考帽负责控制和调节思维过程，负责控制各种思考帽的使用顺序，规划和管理整个思考过程，并负责做出结论。所以蓝色思考帽常常被称为"控制帽"。蓝色帽子意味着回顾，是对思考过程的回顾和总结。它控制着思考过程。蓝色帽子就像是乐队的指挥一样。戴上其他五顶帽子，我们都是对事物本身进行思考，但是戴上蓝色帽子，我们则是对思考进行思考。戴上蓝色帽子的人会从思考过程中退出来，以便监督和观察整个思考过程。

总之，六顶思考帽提供了一种开阔的思维方式，让我们从多个角度对事物进行讨论分析，帮助我们有效地解决困难、创新，并建立完整的探索体系。

四、头脑风暴法

头脑风暴法（Brain-Storming，BS法）又称智力激励法或自由思考法（畅谈法，畅谈会，集思法），是一种典型的、经典的创新工具。头脑风暴法出自"头脑风暴"一词。所谓头脑风暴，最早是精神病理学上的用语，指精神病患者的精神错乱状态而言的。而现在则成为无限制地自由联想和讨论的代名词，其目的在于产生新观念或激发创新设想。头脑风暴法是由美国创造学家奥斯本于1939年首次提出、1953年正式发表的一种激发性思维的方法。此法经各国创造学研究者实践和发展，至今已经形成了一个发明技法群，如奥斯本智力激励法、默写式智力激励法、卡片式智力激励法等。

头脑风暴法是在一种宽松的环境下以专题讨论的形式开展的，需要将相关的专家或者团队成员聚集在一起，由主持人充分地说明会议主题，人们针对主持人提出的主题畅所欲言，从而引发智力的碰撞，产生智慧的火花。

头脑风暴法是以召开会议的形式开展的，参加人数一般为5～10人，最好由不同专业或不同岗位的团队成员组成，也可以邀请一些不同领域，但对本次讨论主题有一定了解的专家参加，不宜邀请领导，这是由于如果在会议中参加人员的地位不同，容易产生权威效应，从而影响其他参会成员的创造性发挥。会议时间尽量控制在30分钟至一小时之内，时间过长或者过短都不好，时间过长会导致讨论偏离主题，时间过短难以获得充分的信息。

可以设主持人一名，主持人只主持会议，对设想不作评论。主持人在头脑风暴的过程中，主要起到两个作用，第一就是鼓励发言人说出更多的想法；第二就是将所有的方案记录在公开的看板上，方便所有人都看到。

想要较好地应用头脑风暴带来创意，需要在头脑风暴实施过程中注意以下几点：

① 不许批评，无论发言人的发言是多么荒诞不经、天马行空都不允许提出批评意见。

② 多多益善，意见建议越多越好，要鼓励参与人多多地贡献想法，尽情发挥。

③ 允许补充，可以补充和完善已有的观点，并形成新的设想和方案。

④ 严格控制主题的范围，明确相关的要求，讨论偏离主题时要及时拉回来。

五、德尔菲法

德尔菲法是在20世纪40年代由赫尔默（Helmer）和戈登（Gordon）首创，1946年，美国兰德公司为避免集体讨论存在的屈从于权威或盲目服从多数的缺陷，首次用这种方法进行定性预测，后来该方法被迅速广泛采用。20世纪中期，当美国政府执意发动朝鲜战争时，兰德公司又提交了一份预测报告，预告这场战争必败。政府完全没有采纳，结果一败涂地。从此以后，德尔菲法得到广泛认可，并逐步运用到创新层面。

德尔菲法又名专家意见法，需要利用专家的经验与学识，这些专家可以是来自一线的管理人员，也可以是高层经理，既可以是组织内的专家，也可以是外面请的专家。整个过程中，由一个中间人（或者组织者）采用通讯方式分别将所需解决的问题单独发送到各个专家手中，征询意见，然后回收汇总全部专家的意见，并整理出综合意见。随后将该综合意见和预测问题再分别反馈给专家，再次征询意见，各专家依据综合意见修改自己原有的意见，然后再汇总。这样多次反复，逐步取得比较一致的结果。

德尔菲法通常采用匿名发表意见的方式，即专家之间不得互相讨论，不发生横向联系，只能与中间人发生关系，通过多轮次反复征询、归纳、修改，最后汇总成专家基本一致的看法。

该方法比较可靠，因为匿名性，整个过程并不会透露专家的名字，因此可以较客观地发表意见，减少干扰。但是该方法比较费时，同时物色到合适的专家也不是一件容易的事情。

六、思维导图法

思维导图，又叫心智图，是表达放射性思维有效的图形思维工具，是一种革命性的思维工具，简单却又极其有效。思维导图运用图文并重的技巧，把各级主题的关系用相互隶属与相关的层级图表现出来，将主题关键词与图像、颜色等建立记忆链接，思维导图充分运用左右脑的机能，利用记忆、阅读、思维的规律，协助人们在科学与艺术、逻辑与想象之间平衡发展，从而开启人类大脑的无限潜能。

思维导图是一种将放射性思考具体化的方法。放射性思考是人类大脑的自然思考方式，每一种进入大脑的资料，不论是感觉、记忆或是想法——包括文字、数字、符码、食物、香气、线条、颜色、意象、节奏、音符等，都可以成为一个思考中心，并由此中心向外发散出成千上万的关节点，每一个关节点代表与中心主题的一个连结，而每一个连结又可以成为另一个中心主题，再向外发散出成千上万的关节点，而这些关节的连结可以视为记忆，也就是个人数据库。

这是一种以各种信息或创意之间建立思维连接的图形化技术，可以让人们在连接这些相关主题的想法时迸发出新的灵感。

同步项目训练

1.项目目标

通过项目训练，根据所学的一种创新工具理论，进行模拟演练分析。本次以思维导图法为例。

2.项目要求

思维导图法通常使用在想要发散思维，并又需要围绕主题，希望获得天马行空的想法，但是又要将这些孤立的信息联系在一起的时候。

持续时长：30分钟。

将班级分为不同的团队（每一个团队人数建议为6～10人），指导老师可以任意指定主题。每一个团队首先需要准备一张大白纸、一个便利贴以及多种颜色的水彩笔，由指导老师在大白纸的中心建立主题，并画圈圈住，围绕讨论的主题，每个人将自己所联想到的关键词（字数不易过多），用不同颜色的水彩笔写在便利贴上，并将便利贴贴在大白纸上，将这些关键词与主题用黑线分别连接起来；然后再让小组成员在关键词的基础上继续发散思维，并将相关的关键词与新贴上的想法便利贴用黑线连接起来，这样逐渐形成一个关于主题的思维导图；最后由小组将关键词联系起来，并根据联想，想出一个与主题相关的天马行空的想法，并由指导老师来评价各小组的表现。

第二节　新产品研发流程管理工具

我是我命运的主人；我是我灵魂的主宰。

——欧玛·布莱德利（美国将军）

■【知识要点】

1.掌握门径工具的基本概念。

2.了解不同关口、阶段的任务。

■【技能要点】

1.能够明确关口标准的不确定性。

2.掌握工具的使用。

1.养成具体问题具体分析的能力。

2.锻炼沟通、协作等综合职业素养。

一场生或死的赌盘

提到俄罗斯轮盘赌（russian roulette），大家可能会比较陌生，但是如果说生死赌局，可能在很多电影里看过，这是一种残忍的赌博游戏。俄罗斯轮盘赌的赌具是手枪和人的性命。它的规则很简单：在手枪的六个弹槽中放入一颗或多颗子弹，任意旋转转轮之后，关上转轮。游戏的参加者轮流把手枪对着自己的头，扣动扳机；中枪的当然是自动退出，怯场的也为输，坚持到最后的就是胜者。假设在某个时刻，你正面临着一场生命攸关的赌局，玩的是俄罗斯赌盘，请问你愿意打这个赌么？

请根据以上文字内容，思考风险对于新产品的开发意味着什么？

一、新产品开发中的风险

新产品的管理就是对风险的管理，大家都知道风险产生于不确定性，但新产品本身就意味着不确定性。想要降低风险，最根本的方法就是降低不确定性，但如果一家企业不想要风险，那么意味着这家企业已经死了，因为这家企业已经失去了创新的活力。

在新产品开发过程中，项目开始的时候，风险的损失是最低的，而结果的不确定性却是最大的。随着项目的展开，大量人力、物力的投入，风险损失量会不断提升，想要风险获得管理，需要刻意降低不确定性，也就是意味着要在新产品的开发过程中反复确认产品获得用户青睐的可能性。想要管理不确定性就需要在新产品开发过程中加入流程管理工具以确认产品的进程。

二、门径工具

索马里·佩里曾经说过："流程是一种用来取代旧模式，指引公司保持长久活力的方法，他不是孤立的，也不是暂时的，更不是用来应付一阵子然后就抛弃的东西。"这说明流程管理工具一定是一个不断变化的工具，应根据不同公司的不同形态，进行某种程度的结合或者调整，在这里我们提出一个世界级的新产品研发流程管理工具——门径工具。

它是由库珀（Robert G.Cooper）于20世纪80年代创立的一种新产品开发流程管理技术，并应用于美国、欧洲、日本的许多企业指导新产品开发。此工具被视为新产品发展过程中的一项基础程序和产品创新的过程管理工具。例如宝洁的SIMPL新产品开发流程、艾默生电气公司的NPD2.0系统等都是采用了门径工具，还有许多公司的不同产品线、业务环节也与门径工具进行结合，以用来管理和引导产品的创新速度。随着行业需求的不断变化，这一工具也在不断更新。

1. 新产品开发的7个目标

库珀提出门径工具的重要动力来自对7个目标的追求，他认为这7个目标是管理好新产品项目的7个关键成功因素，这7个目标分别是如下。

目标1：执行质量

质量的定义是明确的，它意味着在全部的时间内满足所有的要求，它建立在所有的工作都是一个流程的原则上，专注于改善业务流程，从而消除错误。这并不仅仅意味着完成某种标准，还包括对于环节、流程完整性的重视。执行质量的危机存在于产品创新流程中，许多关键性的活动，比如从前端作业到计划和执行产品发布，在很多的公司和项目中都存在缺陷，而这些缺陷与跳过某种步骤或者不严格的执行质量之间有着密切的因果关系，所以，想要获得成功，必须严格执行质量。

目标2：选准重点，做好优选工作

许多公司新产品开发的过程中都存在一个现象，即存在太多的项目却缺乏足够的资源。这是因为对于任何企业而言，资源都是有限的，而创意无限，我们必须在新产品开发流程中，做好一个"漏斗"，而不是一个"通道"。在整个流程中使用门径工具来剔除掉那些劣质项目，把稀缺的资源重新分配到真正值得投入的项目中。

目标3：快速并行的螺旋上升过程

由于企业环境的剧烈变化，消费者的爱好也在不断发生改变，因此高层管理人员对于新产品的时间要求压缩得越来越低，但实际上同样也是因为外界剧烈的变化，新产品的成功率却在降低，因为消费者的偏爱不知道会在何时发生变化，管理者们期待快速地出现一个成功的新产品，实际却很难达到，这是一个矛盾。

解决这个矛盾也不是没有办法，以前我们通常是一个项目完成再进行下一个环节，这就像串行的工作处理流程，导致各个部门都在为这个项目跑接力赛，倘若其中一个环节处理不当，则会影响整个团队的进程。现在则建议使用并行处理的方法，工作强度会比之前串行时紧张得多，但是效率也会极大地提高。并行处理是指同一时间内完成更多的工作，同时有 3 ～ 4 组活动由团队内的成员分别完成，然后再结合起来将各项活动并行实施，形成一个跨部门、跨业务领域的螺旋上升的路径。

目标 4：一种真正跨职能团队的工作

新产品的开发流程是跨越职能部门的，那么要求必须由一个真正的跨职能团队来完成工作，这个团队必须具有来自各个职能部门的团队成员，有明确任命的领导，这个领导有正式的授权，能够启用项目专用的资源，团队整体为这一个项目负责而不是同时负责好多个，即团队成员的报酬等都将与这个项目挂钩。

目标 5：融入客户声音的强烈市场聚焦

新产品的好坏与市场的导向息息相关，所以想要获得成功必须聚焦市场，将整个产品开发过程的每个环节融入客户的声音，例如在开发过程中首先需要调研市场需求、评估竞争对手、让客户来测试收集反馈资料，再将快要完工的产品拿给客户试用，了解客户的意图与市场接受程度等。市场的力量是决定性的，必须给予充分的重视。

目标 6：把前期准备工作做得更好

前期的准备工作有助于产品的定义，以及确立开发的业务模块如何展开，这些都需要花费时间、精力、资源，坚实的前期准备工作的完成将为项目带来更高的成功率，并帮助开发团队不迷失在产品开发过程中。很多产品开发到中后期，开发团队容易走入一种为了创新而创新的歧路，这些都是早期的准备工作没有做扎实所导致的。

目标 7：具有竞争优势的产品——大胆创新

保证某个阶段的门都要强调产品优势的标准，即产品中是否有令人惊叹的因素，是否可以令客户兴奋等，按照产品优势为产品进行排序。只有差异化的产品、独特性收益和客户卓越的效用才是这个新产品盈利最重要的驱动力，所以大胆创新吧。

2.门径工具管理流程

按照库珀的说法，门径工具是一个优雅、简洁的，通过管理产品创新来提高有效性和效率的路线图，它包括路径与关口（门）两个部分。

门径工具以新产品的生命周期（新产品构思—确定范围—确立商业项目—新产品开发—测试与修正—投放市场）为主线，确定新产品研发的流程管理目标，关注产品开发流程。它允许组织利用管理决策关口将新产品开发的工作量划分为几个阶段。在获得批准进入下一个阶段之前，团队必须成功地完成该阶段内预先定义的一系列相关活动。

门径工具是一个有效地控制开发费用的方式，因为它允许管理层对当前阶段的费用进行评估，经过批准后才能进入下一个阶段。它除了能对组合方法进行恰当的自动化和整合外，还能够加速决策过程，并保证将资金投入最有价值的项目中。这就是在各个阶段之间设立关口的重要意义。

☆开始阶段：发现

发现阶段最重要的环节就是构思，无论怎样的产品开发流程都无法弥补构思存在的缺陷，只有产生一个伟大的构思，才能根据这个构思一路走下去，迸发大量相关的创意，许多公司都将寻求构思作为流程的一个正式阶段，我们称其为发现阶段，在发现阶段人们也会使用创新工具来辅助构思的产生。

☆关口1：构思筛选

在这个关口，需要对项目进行初步决策，如果本关卡通过的话，项目将进入确定范围或者初步调查的阶段。

本关卡可以把标准定得相对柔和一些，主要将标准用在处理战略一致性、项目可行性、机会大小、市场吸引力、产品优势和公司政策是否保持吻合等方面，财务指标通常不放在这一关口，资源的分配也相对少一些。

☆第一阶段：确定范围

在这个阶段需要确定项目的范围，主要涉及初步的分析与市场、技术等评估，时间大概在一个月左右，包括一些相对而言花销不大的调查，例如网上调查、图书馆查阅和主要客户联系等，初步地了解项目规模、潜力、市场接受程度、技术障碍、法律和行政风险等。

☆关口2：第2次筛选

这个关口与关口1较为相似，都属于初步决策，但这时要结合第一阶段获得新信息，对项目进行重新评估，主要考虑的范围是客户的建议、市场的潜力、技术可行性等因素，在这个阶段可以引入初步的财务分析，比如评估基础的财务收益。

☆第二阶段：开发项目立项

这个阶段的重要环节是定义新产品，在这个阶段要进行具体的大规模调查，以确保新产品开发活动展开之前，可以清楚地定义这个产品，并验证产品确实是有潜力的。

本阶段要实施具体的大规模市场调查与分析，包括明确客户的需求、偏好等，也包括竞品分析及竞争对手分析，还包括技术层面的详细评估，以及财务分析等，这要求在这个阶段，我们必须最后能拿出一个详细的商业计划书，包括这个新产品的定义以及整个项目相关的分析报告，以支撑整个行动计划。

☆关口3：进入开发

这个关口又可以称之为"资金关口"，通过了这个关口，资源才会真正到位，实际上，这个关卡对于公司而言意味着走向巨大的花费，所以这个关卡将不再是前两个关卡那种柔和的决策，而会变得更为严苛。

在这个关口，需要回顾前面几个阶段的每项活动，检查这些活动执行的质量，通过检查了解项目是否真实地准备就绪，并进行详实的财务分析与障碍分析，更深入地了解新产品。如果通过本关口，将正式指定团队来完成之前定下来的新产品商业计划。

☆第三阶段：开发

从这一阶段开始实施开发计划，这个阶段的主要工作包括产品的实体开发、内部测试等，如果是一些周期较长的项目，也需要在这个阶段找到控制点，以方便后期进行控制与管理。

本阶段的重点是技术工作，需要跨越技术障碍，实现定义的产品，但是同时市场活动与商业计划也需要并行实施，市场的分析、客户的反馈、专利的申请等都是需要持续实现的，所以不能等待某一个环节实现以后再操作，一定是并行实施的。同时，详细的测试计划、市场计划、生产计划也要按部就班地开展起来，通过财务分析来控制总预算，将产品价值尽可能最大化。

☆关口4：进行测试

这个关口的主要工作就是检查产品的进程是否按照计划有序地进行着，并确保项目后续的吸引力。在这个关口要确保开发工作保质保量按计划有序进行着，同时第三阶段制订的测试计划、市场计划、生产计划等也都在这个关口被审核，并用于判读产品的后续吸引力，但是其重点是针对下一阶段的测试、验证环节的。

☆第四阶段：测试和验证

这一阶段主要测试和验证整个项目的可行性，包括产品本身、生产运作、客户接受程度和项目的财务情况等，将在实验室、生产一线以及市场上展开大规模产品测试。如果结果不好，将退回到第三阶段，只有结果符合验证才会进入下一环节。

☆关口5：准备发布

通过这一个关口，将全面正式启动商业计划，包括产品发布、大规模生产计划等，这也是最后一个可以毙掉项目的关口了，这个关口的重点是检查测试与验证的结果，以及之前活动的执行质量等，通过审核这些活动，了解产品是否达到了商业预期，并再次通过财务对比等手段针对产品的商业规划进行复核，确保产品上市前所有的准备工作都已做好。

☆第五阶段：发布

这一阶段开始正式实施产品发布计划与运营计划、销售计划等，并确保销售渠道的流畅，市场推广、方案等都稳步进行着。

至此，一个新产品通过层层关卡，终于成功上市了！

☆第六阶段：产品发布后的评审

在产品商业化上市后经过一段时间，一般是半年至一年，需要对项目和产品的性能进行评审，将最新的收入、成本、利润等与计划数据进行对比，以此来测量产品的市场表现是否达到预期，并做事后的总结，将本次项目的优缺点进行总结，为以后的新产品开发积攒经验。

经过以上步骤，一个完整的经典门径工具全部流程就走完啦，虽然概念上比较简单，但是对于推动新产品开发却是非常实用的。

1.项目目标

通过项目训练，根据所学的门径理论，进行模拟演练分析。

2.项目要求

阶段部分：

1.列出每个阶段至少9个以上的活动。

2.找出每个阶段成功的关键因素。

关口部分：

1.列出每个关口至少5个以上的评断标准。

2.将这些标准按照每一个关口的不同位置排列优先次序。

工具二
产品研发管理工具之竞品分析

正是问题激发我们去学习，去实践，去观察。

——鲍伯尔

【工具导入】

去哪儿旅行与携程旅行

　　随着近几年国内旅游市场的不断发展，交易额不断攀升，旅游行业内各大产品企业的竞争日益激烈，且随着移动互联网用户量逐渐趋于平稳，线上用户增量时代已经接近尾声，如何提升存量用户的价值是企业必须面对和思考的问题。现有的在线旅游公司该如何去调整未来发展的布局，抓住机遇，在市场中占有一席之地成为了企业目前的一大难题。因此，以旅游行业在线平台的两大明星产品去哪儿旅游软件和携程旅游软件为例来进行竞品分析，了解在线旅游市场行业现状及发展的趋势，发现两家明星产品的优势和不足，为未来在线旅游行业的发展找准需求和明确方向。

【知识要点】

1. 掌握竞品分析工具的基本概念。

2. 掌握竞品分析的流程。

3. 掌握竞品分析常用的方法。

【技能要点】

1. 掌握竞品分析工具的使用。

2. 能够用案例进行竞品分析活动。

【素质任务】

1. 养成具体发现问题、解决问题的能力。

2. 锻炼沟通、协作等综合职业素养。

爱奇艺与腾讯视频

《2019中国网络视听发展研究报告》显示，截至2018年12月，网络视频用户规模（含短视频）达7.25亿，占网民总数的87.5%，其中，短视频用户、网络直播用户、网络音频用户规模分别为6.48亿、3.97亿和3.01亿。7.25亿的庞大用户规模，意味着网络视频包括短视频是仅次于即时通讯的中国第二大互联网应用，高于搜索和网络新闻。2017年中国网络视频用户规模达到5.79亿，同比增长6.3%，占全体网民的75%；手机网络视频用户规模达到5.49亿，同比增长9.7%，占全体手机网民的72.9%。从在线视频用户终端设备的使用情况来看，视频观看向移动端集中的趋势更加明显——94.8%的视频用户会使用手机收看网络视频节目。此外，随着中国网民规模的增长，网络视频用户规模有望进一步上升。该行业依然享受互联网普及和中国庞大人口基数带来的人口红利，因此用户的争夺也是目前各网络视频企业竞争的核心目标。经过多年的发展，中国网络视频行业平台企业在经过多年的大浪淘沙后，爱奇艺、腾讯视频、优酷、芒果TV、搜狐视频等已成为中国网络视频行业的中坚力量。2019年6月22日爱奇艺宣布会员数量突破1亿，这意味着优酷、爱奇艺、腾讯等视频平台的业务增长从依赖传统广告到以会员业务为主的方向发展。此外，5G时代的到来也促使中国网络视频市场行业正式迈入下半场。

根据艾瑞数据显示，2019年8月在线视频类软件月度总有效时间占比排行中，爱奇艺与腾讯视频位列前两位。

根据以上文字内容，请同学们思考这两款软件如何做竞品分析？

一、竞品分析

竞品分析（competitive analysis）一词最早源于经济学领域。市场营销和战略管理方面的竞品分析是指对现有的或潜在的竞争产品的优势和劣势进行评价。这个分析提供了指定产品战略的依据，将竞品分析获得的相关竞品特征整合到有效的产品战略制订、实施、监控和调整框架当中来。

竞品分析第一步就是根据自己的目的来进行的，确定切入的角度，对竞争对手或市场进行客观分析，发现竞品和自身产品之间的优势和不足，为下一步的决策提供科学的参考依据，为企业制订产品战略规划，各子产品线布局，市场占有率提供相对客观的参考依据。随时了解竞争对手的产品和市场发展的动态，如果挖掘的数据来源稳定可靠，就可以利用相关数据信息判断对方的战略意图和最新调整方向，掌握竞争对手的资本背景、市场用户细分群体的需求满足空缺市场。再通过自我快速调整，保持自身产品在市场的稳定性或快速提升市场占有率。因此，竞品分析的过程就是知己知彼的过程。

二、竞品对象

竞品分析中的第二步，是根据目的来选择竞品的对象。通常竞品可以直接分为三类：直接竞品、间接竞品、潜在竞品。

直接竞品通常是指与自己产品的市场目标方向一致、客户群体针对性极强、产品功能和用户需求相似度极高的产品，也被称之为"和你真刀真枪杠上的竞争者"。比如：音乐平台软件产品类，可以选取网易云、酷狗音乐、QQ音乐作为竞品对象。这类产品无论是核心服务还是核心用户都是基本相同的，选择直接竞品进行研究也是常用的方式之一，这样有助于更直观地就自己与竞争对手在各方面的优劣势形成对比，找准自身定位和认知。

间接竞品通常是指市场客户群体目标不一致，但是在功能需求方面与你的产品形成竞争关系的产品，但是又不主要靠该产品价值盈利。例如，大家在坐地铁的时候，这段时间就有很多的选择，看电影、玩游戏、看小说以及听歌等，这样就有很多其他不同种类的产品成为相互竞争的关系，成为间接竞争者。对于这一类竞品，进行比对研究时要重点抓准用户的需求、场景和深层次的动机，甚至还要再多找到几款满足用户类似需求类似属性的产品进行对比，再来思考如何能将自己现有的产品形态设计得更符合用户需求。

潜在竞品是指横向产业相关者，或者上下的产品。

如果重点是为了了解自己的产品和市场上竞争对手在某些功能和特长上的区别，那么建议以直接竞品为主要目标来进行竞品分析。简而言之，要从竞品分析的目的作为出发点来进行筛选。

请同学们查阅相关资料找出其他同类的直接竞品、间接竞品、潜在竞品，每个竞品类型至少找一个。

三、分析的维度

分析的维度是由分析的目的决定的，通常情况下分析的维度包括产品的定位、产品的背景、产品的内容、产品的结构、产品的功能、设计界面、视觉交互、运营策略、产品体验等，这也是竞品分析的第三步。这些并不是固定的，可以根据实际情况进行选择，灵活运用。

去哪儿旅行与携程旅行

随着人们生活水平的提高，外出旅游成为了大家生活休闲方式的首选项目之一，现市场上的线上旅游软件种类五花八门。其中，去哪儿旅行软件和携程旅行软件为实力较强。根据艾瑞数据2019移动端旅游出行类的软件下载量显示，携程旅行下载量约1.41亿次，去哪儿下载量约1.28亿次。

1. 产品介绍

携程旅行

携程旅行主要是提供旅游综合服务的平台，基础业务主推酒店住宿预订和交通票务的预订，在此基础上为用户提供旅游度假套餐式服务，例如住宿—景区一条龙服务。它提供更多旅游相关的场景信息，属于代理商，与酒店、航空公司、景区合作，从中收取佣金。

去哪儿旅行

去哪儿主要是向消费者提供住宿、交通工具的票价，旅游度假地推介等垂直搜索信息为主的平台。在平台上汇集了很多旅游代理商的相关旅游信息给用户进行对比选择。此平台不提供任何产品，只是通过相关的技术手段整合市场上的旅游信息，以便于消费者在此平台上了解旅游相关的信息。

2.用户群体

去哪儿的男性用户比例略高于女性用户。它可以为用户提供更为全面的比价服务，通常对女性用户的吸引力更大，比如团购活动以及节日期间推出的优惠。因此，在今后的战略调整上可以采取更多的营销手段去吸引女性用户群体。

携程旅行在男女用户比例上的差距不是很明显，对男性用户和女性用户的吸引力相当。但是，由于携程旅行的客户群是以商旅人士为主，而商旅人士中一般以男性群体为主。携程在营销活动方面给出的优势并没有对这类群体有较强的吸引力。因此，建议今后应明确目标群体，有针对性地加强宣传，提高品牌在此类客户群体中的影响力和吸引力。

3.产品功能

携程旅行   去哪儿旅行

首页对比：首先在页面的功能设计上比较明显的区别是携程在广告栏下方单独设有攻略，门票，美食、向导包车、全球购功能导航栏，而去哪儿则将这

部分功能归纳在旅游模块的子功能区。从内容上来说这部分功能属于旅游相关的功能，所以去哪儿的设置相对比较合理，而且整体的页面设计看起来更简洁，主次分明；携程在旅行方面相似功能入口过多且分布杂乱，容易让用户在使用时产生困惑，导致用户体验降低。其次，去哪儿的三个主要模块（机票、酒店、旅游）的子功能区内容更丰富，特别是设有高端酒店、低价机票选择的功能栏，能够满足不同用户的需求。

机票搜索页面：在机票购买页面均设有单程、往返和连程机票购买，购票流程均是选择出发城市、到达城市和出发时间三项信息就可以快速搜索机票。

相对而言携程旅行在机票搜索功能板块的设计更加全面便捷，考虑到大多数用户需求的舱位为经济舱。对于携带2～12岁儿童和携带14天～2岁婴儿的提示信息也十分明显，还另外提供了套餐式服务机票+酒店的选项，为用户提供了出行和住宿的便捷。搜索功能的整体设计在满足用户需求和交互设计方面考虑得比较周全。

携程旅行	去哪儿旅行

其次，两款产品在航班动态等出行辅助功能的导航区设计位置也有所不同，去哪儿将其放置在搜索区下方，而携程则将其放置在页面底部。去哪儿用户在使用搜索机票功能时可以直接查看到乘机的相关服务并根据自身需要进行选择，操作更加方便，可提升用户体验感。携程在底部导航栏中较显眼的位置

多设置了会员专区选项，可以看出携程比较重视发展会员体系的建设。

机票搜索结果页面：搜索结果页面采用横向模块设计，页面顶部功能栏区可以直接看到出发地和目的地、低价提醒，可查看机票日历。在航班信息列表中，可以看到出发时间、到达时间、机票价格等信息，用户可以根据实际情况进行选择。

4.盈利模式

去哪儿旅行属于流量模式，是基于互联网的垂直搜索平台，通过技术手段对旅游信息进行整合，为用户提供酒店住宿、机票、度假等旅游相关信息的，为用户提供比价-搜索服务。所以通过广告费、点击率来赚取利润。

携程旅行属于会员模式，是酒店住宿、机票等产品的网上代理销售商，携程网的主要收入有酒店预订、机票预订和保险等代理费，以及会员收入和广告收入。收入的途径是采用盈利折扣返还和差价两种方式，携程网站发布实时产品信息，用户根据产品信息预定旅游产品，携程从供应商与客户交易中收取佣金，扣除后将剩余额支付给供应商或者直接与供应商交易，收取佣金。

请根据以上文字内容，思考同学们如果作为去哪儿网站的经理，会如何选择需要分析维度呢？（从自身的研究目的出发）

四、获取竞争对手信息的渠道

获取竞争对手信息的渠道有很多种，主要可以从以下方面来进行：

（1）从内部市场、运营部门、管理层等收集信息；

（2）行业媒体平台新闻、公司官网以及产品论坛、QQ群等；

（3）公司的季报、年报；

（4）持续性地收集产品市场信息；

（5）通过试用对方的产品，咨询对方的客服、技术问答获取想了解的产品；

（6）调查核心用户、活跃用户、普通用户的不同需求弥补和间接代替的产品；

（7）竞争对手的招聘网站信息；

（8）通过百度、谷歌等搜索引擎找到同行业的行业信息订阅。

查找竞争对手产品信息资源的渠道有很多，可以根据实际情况进行选择，这是竞品分析的第四步。

百度传课与网易云课堂

《2014中国在线教育综合水平排行榜》以知名度、创新能力、发展潜力为评价指标，对中国现有的在线教育产品进行了评分。选取网易云课堂、腾讯课堂、多贝网数据进行比较。结果显示（见表2-1），同类产品中，网易云课堂总分最高且排名最为靠前，其次为腾讯课堂。根据以上分析，与百度传课有较强竞争力的产品为网易云课堂、腾讯学堂。

表 2-1 2014 中国在线教育综合水平排行榜

平台名称	排名	知名度及影响力（40%）	创新能力（30%）	用户体验（15%）	发展潜力（15%）	总分
网易云课堂	4	7.8	8.5	7.3	7.6	8.12
腾讯课堂	22	7.2	7.3	7.2	7	7.5
多贝网	71	6.2	6.5	6.5	6.2	6.76

安卓客户端总下载量数据显示（见表2-2），网易云课堂总量最大，百度传课稍为逊色，而腾讯学堂下载量远远低于上述两种产品。所以竞品确定为百度传课和网易云课堂。

表 2-2 截至 2015 年 11 月 10 日的总下载量 单位：百万

名称	360	华为	安卓市场	应用宝	魅族	vivo	总计
网易云课堂	2.05	3.36	0.05	0.3	0.11	0.1	5.97
腾讯课堂	0.13	0.71	0.03	0.26	0.11	0.19	1.43
百度传课	0.19	2	0.54	0.16	0.11	0.1	3.1

来源：酷传应用监控。

（1）产品分析

网易云课堂于2012年12月底正式上线，主要为学习者提供海量、优质的课程，用户可以根据自身的学习程度，自主安排学习进度。网易云课堂立足于实用性的要求，与多家教育、培训机构建立合作，课程数量已达4100+，课时总数超50000，涵盖实用软件、IT与互联网、外语学习、生活家居、兴趣爱好、职场技能、金融管理、考试认证、中小学、亲子教育等十余大门类。

百度传课原为传课网，2014年8月由百度以3000万美元收购。它不生产内容，仅为平台服务，是典型的C2C模式。现今百度传课注册用户量300万，在售系列课程超过5万，收费课程占40%，客户端日均活跃启动次数达百万级。

（2）网易云课堂和百度传课的百度指数对比

百度指数是对百度海量网民行为数据进行分析，反应关键词在百度的搜索规模及关注度的变化趋势。热点趋势指数显示，网易云课堂的搜索指数明显高于百度传课，表明网易云课堂受到了较高的关注度。

根据以上信息来源，请同学们思考还能从哪些渠道获取信息？

五、自身与竞品分析的方向

自身和竞品的分析方向有很多种，常涉及到的主要有以下8个方面：

（1）自身和对比产品的用户接受程度，通过相关的数据进行表现。主要使用用户端的下载量、市场的占有份额以及用户的注册量等不同的数据信息去分析自身产品和竞品在市场里的情况和排位，或者和市场上的标杆产品之间的差距情况。通过数据之间的比对，可以分析出在哪方面存在问题或者需要提升。

（2）自身和对比产品在业务模式上的差异。比如，竞品在业务模式上具有哪些独特的形式，哪些方面自身产品需要向其学习。

（3）竞品的背景。同类产品由不同公司研发出来肯定具有自己的独特性。其中，公司的企业文化、团队、资源、技术、发展史以及资金的支持等都对产品有着重要的影响。比如，QQ音乐是属于腾讯旗下的产品，市场上除了QQ音乐还有其他同类产品如酷狗、虾米、咪咕等。但是，由于QQ音乐背后有强大的腾讯支撑，因此它在音乐版权和软件用户量上都有很好的基础。

（4）自身和竞品的产品结构和用户使用流程。通过掌握功能结构图和用户使用流程图，无论是对自身产品还是竞品的功能都可以有一个清晰明了的了解。在对比中可以对竞争对手的产品核心功能和操作方便程度上有明确的指示。

（5）自身和竞品的特色功能和用户场景。特色功能是区别同类产品以及拉开差距的重要环节，可以用户场景来分析特色功能，比如用户一般是在什么样的情况下会使用这些特色功能，这些功能是否能满足用户的需求，对用户的价值情况等，都可以用来分析产品特色功能的情况。

（6）自身和竞品的交互设计。从用户的角度来说交互设计可以让产品满足目标用户的需求和期望。在做竞品分析时可以从以下几个方面来考虑其交互设计：a.主要功能的进入渠道是否清晰明了，用户是否在短时间内就可直接发现；b.进入不同的功能入口跳转是否容易迷失；C.主推的重要页面是否可以直接进行展示等。比如，竞品的产品页面风格更容易受到用户的喜爱，操作也十分便捷，那么根据自身产品的定位和特性，考虑是否需要借鉴。

（7）自身和竞品的运营策略。产品在不同时期的运营策略和方法是不一样的，根据不同时期发展的需要制订出相应的运营策略对于产品在不同时期满足用户需求和提高在市场上的占有率有很重要的作用。因此，可以对产品不同时期的运营策略和方法进行收集和分析，有利于后期对竞品的运营发展动态有一定的了解，也为自身的产品运营提供参考依据。

（8）自身和竞品的版本迭代和演化路径。产品的发展历程是产品成长过程的展现，无论是不同的时间节点还是不同版本的更新以及当时运营的策略，都可以从中获得大量有价值的信息。

微信读书与网易蜗牛读书

1.用户分析

两个产品的定位相似，核心用户的阅读时数都超过100小时，这类用户群阅读书籍的数量是比较大的，且属于长期可持续性使用该产品的忠实用户。微信读书核心用户和非核心用户区分不是很明显，但是网易蜗牛读书则形成了领读人和普通读者区分明显的社区，这种社区内的交流互动比较活跃，可以形成良好的阅读氛围，对于喜爱阅读的用户有更强的吸引力。

2.功能对比

微信读书

微信读书的书架功能采用了陈列馆式设计，能够帮助用户快速查阅每本书籍内容以及近期阅读的书籍。扁平化的设计使得页面内整洁有条理，让用户赏心悦目。同时，当用户读书越来越多后书架还支持书籍的分类管理。书架还设置了更加人性化的功能——私密阅读，可以让用户把一些不想让他人知道的书籍放在此处。其缺点就是私密阅读会在书籍页面处显示。

微信阅读的书城放置需要经过发现页面或书架页面的添加，才能进行到二级页面。这种做法与其社交定位有关，其目的主要是引导用户在发现页面查看好友在阅读的书籍，并进行书籍推荐，增加与好友之间的互动。

书城中除了根据用户经常阅读的书籍而划分的猜你喜欢和热门推荐，以及赠一得一的推广活动外，还将微信特有的公众号文章整合成文集进行推荐，满足了微信用户碎片化阅读的需求。

网易蜗牛读书

网易蜗牛读书的书桌采用的是整洁流畅的单卡片滑动式交互，用户可以随时查看书籍的章节以及阅读的进度，还能进行读者之间的问答活动和交流，使得书籍封面信息更加立体丰满。

大部分的阅读软件是将书籍放置在一级页面的书桌或书架上，但是网易蜗牛读书只能最多选取三本书籍，其他的书籍需要点击页面右上角"我的书桌"项进入二级页面进行浏览。这也是网易蜗牛读书的特色，其目的是引导用户专注地阅读每本书籍，减少在不同书籍之间进行切换选择的成本。

分类功能采用卡片式交互设计的方式将书籍按照阅读排行榜和分类进行展示，便于用户直接查找自己喜欢或者当前热搜的书籍。分类板块还有设置了扫一扫功能，这里的扫一扫功能除了可以扫PC端二维码从而在PC端进行书评创作外，也可以扫书籍二维码进入共读功能。这也是网易蜗牛读书在O2O社交的尝试，可以与非社交软件好友分享共读同一本书，对于软件传播和读书社区的形成也很有帮助。

3. 版本迭代

微信读书版本迭代

微信读书从2015～2018年进行了九次大版本更新和多次小版本更新。微信读书的大版本更新间隔，按照一长一短的节奏进行，每个阶段的迭代重点，也由强化社交功能转为强化碎片化阅读，并持续地优化阅读体验。

网易蜗牛读书版本迭代

网易蜗牛读书从2017年发布到2018年4月已经进行了七次大版本更新和多次小版本更新，大版本更新增加了很多新功能，而小版本更新主要是对产品交互优化及漏洞修复。网易蜗牛读书的版本更新迭代速度快，围绕产品定位增加了许多新功能，并持续优化核心功能体验。

根据以上内容，请同学们思考还可以从哪些方向进行分析？列举1～2个。

六、竞品分析的工具

由于竞品分析的方法有很多，分析者可以根据实际情况进行选择。本书中主要介绍SWOT分析法和$APPEALS方法。

1. SWOT分析法

SWOT分析法（也称为道斯矩阵）即态势分析法，经常被用于企业战略制订、竞争对手分析等场合中。主要包括企业的优势（strengths）、劣势（weaknesses）、机会（opportunities）和威胁（threats）。实际上就是对企业内外部各方面内容进行综合概括，发现企业组织的优劣势、面临的机会和威胁的一种方法。通过分析可以把企业资源和行为聚集在自己强项和富有最多机会的地方，让企业战略变得更加明朗。

优劣势主要分析企业自身的实力以及与竞争对手的比较，而外部的机会和威胁则将重点放在外部不断变化发展的环境以及可能会对企业自身带来的影响上。

（1）优势与劣势的分析。假设两个企业A、B处于同一行业或者说目标群体客户相似甚至是一致的，其中A企业具有更高的盈利率或者更能吸引目标用户，那么，就可以认为A企业比B企业更具有市场竞争的优势。竞争优势是一个企业超越其他竞争对手的能力，这种能力可以给企业带来更多的经济效益。从消费者的角度来看，A企业产品比B企业产品更具有优势，那么这个优势就包括了产品的外观、质量、可靠性、适用性、价格、大小甚至提供的服务等。虽然，竞争的优势主要是通过综合比较得来的，但是也可以从中发现企业在哪一方面更具有优势或劣势，并进行改进，从而更好地满足消费者的需求。值得注意的是，企业在维持竞争优势的过程中，必须掌握自身的实际情况，及时进行调整。在现今激烈的市场环境下，如果一个企业在某一方具有较强的竞争优势，势必会引起行业内其他竞争对手的注意。当企业通过一段时期的努力建立了自身企业具有的某种竞争优势且持续地维持这种优势时，行业内的竞争对手便会逐渐地进行反击。如果竞争对手直接进攻该企业的优势，那么这种优势就会遭到削弱，因此对于企业而言要及时进行战略的调整，稳固自身优势。

（2）机会和威胁的分析。随着全球经济化的不断发展，全球信息网络的建立以及消费者的需求也在不断变化，企业所处环境更加开放和动荡。这种变化对几乎所有的企业都有较强的影响。环境发展的趋势主要分为环境的机会、环境的威胁。环境的机会是指对企业行为富有吸引力的领域，在此领域中企业具有竞争优势。环境的威胁是指环境中不利于企业发展的趋势，如果不采取应对策略，那么将会削弱企业的竞争地位。

2. $APPEALS分析法

$APPEALS是一种了解用户需求、确定产品市场定位，明确差异点进而为自身产品树立竞争力的工具。一般主要是在产品市场规划的细分市场中，从不同维度去分析，通过不同的权重来确定不同需求所占的大小。通常都是与细分市场、竞争对手、产品功能等差异化分析相结合。差异化是理解和占领市场的重要内容，也是树立自身产品核心竞争力的关键所在。它主要从八个方面对产品进行客户需求的定义和产品的市场定位。

① 产品价格（$ price）。主要是反映客户对产品愿意支付的价格或者最多为产品付的钱。用这个标准来要求供应商时，需要从实际情况出发去考虑顾客接受价格的程度。

② 可获得性（availability）。主要反映顾客的整个购买经历。包括购买的渠道、交付时间等。

③ 包装（packaging）。主要是反映用户期望的设计质量、特性和外观等视觉特性。以软件产品为例主要描述了其交付或提供的功能包。关于对外包装的考虑应该包括样式、结构、颜色、图形、模块性等。

④ 性能（performance）。主要反映用户对产品交付的期望功能和特性。可以从实际情况和感觉两个方面来考虑有关功能和特性的产品性能。比如产品工作得怎么样？产品是否具备所有必需的和理想的特性？

⑤ 易用性（easy to use）。主要描述交付的易用属性。考虑打破用户对产品的舒适度、人性化显示、输入输出、接口、直观性等方面的想法。

⑥ 保证程度（assurances）。主要反映产品在可靠性、安全和质量方面的保证。

⑦ 生命周期成本（life cycle cost）。主要反映所有者在使用的整个生命周期的成本，如安装、供应、处理成本等。

⑧ 社会接受程度（social acceptability）。主要反映影响顾客决定购买的其他因素。比如，第三方的评价、政府或行业的标准、产品的义务等是如何对消费的购买决定起到推动作用的。

$APPEALS分析法主要是通过广泛调查后，对客户定义的八个因素所占的权重大小进行重新排列。例如，看产品的价格比产品的性能更重要，还是看产品的包装比易用性更重要等。由于每个客户都有自己的看法和建议，因此这里必须对市场进行细分。首先，细分出主要的目标市场，通过具体的对比分析，发现自身和竞品之间的差距，以及与客户需求的差距。然后，针对差距确定产品改进的方向，建立相应的改进方案，把有效的资源放在目标顾客关心的需求环节上，满足顾客的需求。

网易云音乐与QQ音乐

1. 产品定位

网易云音乐是一款专注于发现与分享的音乐产品，依托专业音乐人DJ、好友推荐及社交功能，为用户打造全新的音乐生活。

QQ音乐是腾讯官方推出的音乐播放软件。QQ音乐不仅操作简单，用户只需登录后就可以搜索到想听的歌曲，而且QQ音乐还有着海量的正版音乐资源，支持本地和在线播放，支持歌曲MV下载等特色功能。

2. 用户群体

网易云音乐的用户群体主要以学生和白领为主，喜爱音乐或者是音乐迷。

QQ音乐的用户群体分布在各个年龄层，几乎所有不同的年龄层都使用该软件。

3. 产品迭代

从网易云音乐的不同迭代版本可以看出，它在歌曲音质体验、用户社交、UGC等方面都进行了升级和改进，特别是新推出的鲸鱼音效获得了用户的一致好评，提高了用户的体验感。推出的云村大板块进一步优化了UGC社区的功能，用户们可以通过云村板块里的项目上传自己拍摄的作品或者去查看别人发布的优质作品，对于自己感兴趣的还可以进行评论、点赞以及转发到朋友圈等，刺激了用户的活跃度，增强了用户黏性，也呼应了网易云音乐的主旨。

QQ音乐主要在UI界面下了很多的功夫，呈现给用户的界面整洁有条理，提升了用户的体验感。同时，也增加了一些其他的功能，例如跑步电台、智能分类等。QQ音乐一直在不断地改进，提升自己的曲库优势，增强在市场上与同类产品之间的竞争力。而网易云在增加功能方面，增加了过多的非音乐功能，比如商城、游戏推荐、直播等，并且广告数量相对QQ音乐出现得也更加频繁，在一定程度上降低了用户体验感。

4.运营策略

☆网易云音乐

（1）歌单

网易云音乐核心的架构就是歌单，以歌单为线索引导用户发现音乐，制作优质歌单进而分享，达到用户之间的交互分享。平台会通过算法推荐将歌单推广给更多的用户，让歌单创作者有较高的成就感，同时歌单也支持评论，听者可在此表达自己内心的需求和想法，实现音乐社交，一方面激发用户创作热情，另一方面增强用户活跃度和黏性。其次歌单的界面整洁大方，给用户带来视觉的享受。

（2）评论

网易云一直以高质量评论深入人心著称，评论者的一言一语、一个小故事可以激发很多用户之间的共鸣。

（3）UGC运营

网易云音乐主要走差异化路线，利用音乐进行"音乐与社交"，让音乐不再是一个人的音乐，网易云活动策划负责人曾说过："音乐本身是孤单的，我们要让音乐不再孤单！"

为此网易云近期正在打造完善一个重量级选手——"云村"，云村社区是围绕音乐展开的交流讨论、创作分享、情感表达的音乐社区，这是网易云音乐近期全新推出的社区板块。

（4）明星效应

网易云音乐还有一个特色就是拥有众多音乐明星及音乐达人入驻，提升了粉丝效应，吸引了大量用户关注平台。平台运营人员根据大数据分析，精确的算法推荐，邀请合适的音乐人入驻平台，把他们的作品、演出等以人性化的方式呈现给用户，实现歌星与用户之间的互动，提高用户活跃度和黏性。一方面，网易云音乐更加专注其内容的质量，真心为用户提供优质内容，得到了歌星们的大力支持；另一方面，大数据和人工智能技术支持下的网易云安全系统，会自动过滤掉对于艺人的侮辱性言语，对于一些系统无法辨别的不雅内容，平台也支持用户举报，将社区打造成了一个纯音乐的干净脱俗的天堂，提升用户体验感。

☆QQ音乐

（1）海量正版曲库

QQ音乐在曲库版权方面拥有较大的优势，其不断增加版权的购买与合作，收录千万级正版高品质音乐，扩大了曲库的数量与丰富度。

这满足用户对于使用音乐软件最基本的需求，如果一个听歌工具连最基本的需求都解决不了，那又怎么会在意其他的附加功能呢。网易云音乐相比这方面应该多下功夫，扩充曲库，早日解决其最大问题——歌曲版权。

（2）多分类智能推荐

QQ音乐给用户提供了更多自由选择的空间，例如提供热门歌曲的推荐、新歌新碟首发、分类歌单、排行榜等多种推荐方式，用户可以根据自己的喜好来选择符合自己心意的歌曲，让用户更轻松地发现喜欢的音乐。此外，QQ音乐允许用户投稿自己的分类歌单，鼓励用户参与到平台中，通过好友情报站建立歌单共享网络。

（3）互动型音乐社交

QQ音乐背后有腾讯作为支撑，拥有QQ、微信这两个大流量平台，因此，QQ音乐拥有着先天的优势，用户可在个人主页里访问自己QQ或者微信好友的歌单，可以相互关注，一起分享好听的歌单，也可以点歌给QQ或微信好友，或者将音乐分享到朋友圈、微博、QQ空间，述说音乐故事、表达音乐心情。

（4）明星效应

QQ音乐主打粉丝定位，在软件主题、字体等延伸功能上，都有当红明星的专属装扮套装，同时也将明星商品及周边产品作为主要打造的业务，包括歌手的歌曲、演唱会、电子专辑售卖、高清MV收录、门票售卖、综艺推广、明星周边福利等。

5.盈利模式分析

（1）网易云音乐

网易云音乐主要以广告宣传、会员付费、积分商城这些板块作为盈利的项目，并在不断进行新项目的开发。在广告宣传方面，最明显的就是用户在打开软件时有一个5秒左右的广告页面，当然在一定程度上也会影响用户体验感。在首页横幅栏的十个滑动界面会有两个活动宣传广告，但是基本上是与本身产品有关的广告内容，不会给人以突兀的感觉，尽可能减少用户差的体验感。此外，还有网易自家电商平台的商品推广，它与当下很火的明星进行合作，利用平台发售限量音乐会门票以及推广明星的最新个人专辑等。

会员付费方面主要为黑胶VIP会员付费和音乐包付费，开通黑胶VIP可以享受会员专属体验（会员曲库、无损音质、免费下载、免广告等），对于新客户还给予低于半价的超低折扣，激发新用户去体验，再以优质的会员服务留住新用户，产生用户黏性。对于音乐包网易云采取按月进行不同价格的收费模式，其价格相对黑胶VIP更加实惠，对于一般不需要那么多特权的用户，只是单纯想要下载更多的音乐，音乐付费包完全足够了。

在积分商城方面网易云音乐采用用户每天登录签到、邀请好友等方式获得商城积分，当积分达到一定等级时可以用来兑换商城里的商品，而对于一些不喜欢频繁签到邀约好友获取积分的用户，可以直接采用充值积分直接兑换商品。

（2）QQ音乐

QQ音乐主要通过广告宣传、会员付费、数字专辑等盈利。在广告宣传和会员付费领域网易云音乐和QQ音乐采取的方式都是比较相似的，在广告投放的方式也大同小异，都是在一些浏览量比较大的地方进行广告投入，比如启动界面的霸屏广告30秒。会员付费方面QQ音乐采用的是绿钻豪华版+付费音乐包模式，开通绿钻的用户就可以获得专属会员的服务，比如无损音质、免费抢知名歌手新发专辑首唱会的门票、300付费歌曲下载等特权。会员付费是其最重要的收入来源。数字专辑是QQ音乐在盈利模式上探索的成果，于2014年第一次在国内发行数字专辑，据QQ音乐透露，在此后的一年半里，QQ音乐的数字专辑销量超过2000万，在国内主要在线数字音乐平台所有音乐专辑销售的比重超过9成，总销售额破1亿，这也是QQ音乐盈利的一个重要模式。

根据以上材料，请同学们做一个关于网易云音乐和QQ音乐的SWOT分析。

同步项目训练

1.项目目标

通过项目训练，根据所学的竞品分析理论及相关知识，对途牛旅游网开展竞品分析的模拟演练。

2.项目要求

请同学参考以下内容并且查阅相关资料，找出途牛旅游网的一个直接竞品来进行竞品分析。

途牛旅游网

行业背景

2006年10月途牛旅游网创立于南京，以"让旅游更简单"为宗旨，为消费者提供由北京、上海、广州、深圳、南京等64个城市出发的旅游产品预订服务，其产品丰富，价格透明，全年365天24小时无休电话预订，并提供丰富的后续服务和保障。途牛旅游网提供8万余种旅游产品，涵盖跟团、自助、自驾、邮轮、酒店、签证、景区门票以及公司旅行等可供消费者选择，2017年已经成功服务累计超过400万人次出游。

工具三
产品质量控制工具

【工具导入】

摸着石头过河

二十世纪八十年代初，某国营企业曾经与某外商草签了一份供销合同，合同规定由外商给该国企提供价值300万元人民币的生产设备，以提高其生产能力，合同为期三年，三年后该国企将无偿拥有这些设备的所有权。合同约定，在三年合同期内，该国企按双方商定好的价格每年为外商提供某种产品10000件。合同同时约定，若第一年少交货1件，则该国企将按每件1000元交付赔偿金，第二年少交货1件，则该国企将按每件2000元交付赔偿金，第三年少交货1件，则该国企将按每件3000元交付赔偿金。该国企几个主要领导商议后认为有利可图，便与外商正式签订了合同。300万元的设备到位后，该企业立即组织生产，由于生产能力不足，虽经全体职工的努力，第一年只生产出了8000件产品，按合同规定，赔偿金为200万元。第二年该企业调整好生产组织方式，大干一年，虽经努力，依然仅生产了8500件产品，赔偿金为300万元。第三年，只交货7000件，赔偿金为900万元。辛辛苦苦了三年，损失竟然达到了1400万元。

第一节 调查表

没有调查，就没有发言权。没有正确的调查，同样没有发言权。

——毛泽东

■【知识要点】

掌握调查表的基本概念。

■【技能要点】

能够正确掌握调查表的制作思路。

■【素质任务】

养成系统地思考问题、分析问题和解决问题的能力。

尽信调查，不如无调查

20世纪80年代初，虽然可口可乐在美国软饮料市场上仍处于领先地位，但百事可乐公司通过多年的促销攻势，不断侵吞可口可乐的市场份额，且口味试饮结果表明消费者更喜欢较甜口味的饮料。为此，可口可乐公司花费了两年多时间，投入了400多万美元，来研发新口味的可口可乐。在新配方开发的过程中，可口可乐公司进行了近20万人的口味试验，在不加任何标志的情况下，对比了新老口味可乐和百事可乐。试验结果表明：在新老口味可乐之间，60%的人选择新口味可乐；在新口味可乐和百事可乐之间，52%的人选择新口味可乐。从这个试验研究结果看，新口味可乐应是一个成功的产品。

1985年5月，可口可乐公司将新口味可乐投放市场，同时放弃原配方可乐。在新可乐上市初期，市场销售不错，但不久之后销售额开始持续下降，并且公司开始每天从愤怒的消费者那里接到1500多个电话和无数的信件，甚至一个自称原口味可乐饮用者的组织举行了抗议活动。

迫于压力，1985年7月中旬，可口可乐公司恢复原口味可乐的销售。

可口可乐公司的市场调查中存在什么主要问题？对你有什么启示呢？

调查表，又叫做检查表、统计分析表，是用以收集和整理信息资料事先设计好的一类表格。它是用来系统地收集资料、累计信息、确认事实的并可对数据进行粗略的整理和分析。

现在，各行各业都在做调查，有市场调查、满意度调查、产品质量调查等。在质量管理领域，调查常被用于：选择QC小组活动课题或质量改进的目标，为质量分析进行现状调查，为应用其他质量控制工具做提前的准备工作，为寻找解决问题的对策，广泛征求意见，为检查质量活动的效果或总结质量经营的结果。

编制调查表时，要注意：不论哪种调查表，均应包括调查者、调查时间和地点；调查表设计完成后，应检查项目是否有不足或多余，是否有概念不清或不便于记录的现象；必要时，应评审或修改调查表的格式；在调查做记录时，应力求准确、清楚，可由其他人或组长对调查结果进行复核。

调查表的形式有很多种，调查者可以根据调查的目的和对象不同，设计适合的调查表，表3-1、表3-2仅作参考。

表3-1　成品抽样检查及外观不合格品项目调查表

批次	产品号	成品量/只	不合格品数/只	批不合格品率/%	外观不合格项目/只				
					切口	空松	过紧	钢印	油点
1	混合烟型	750	8	1.07	2	1	2	2	1
2	混合烟型	750	4	0.53		2	1		1
3	混合烟型	750	6	0.8	2	1	1	1	1
4	混合烟型	750	10	1.33	2	2	2	1	3

调查者：李某　　　地点：混合烟型卷烟车间　　　日期：2019年10月30日

表3-2　插头焊接缺陷调查表

序号	项目	频数	累计频数	累计百分比/%
A	插头槽径大	3367	3367	69.14
B	插头假焊	521	3888	79.84
C	插头焊化	382	4270	87.68
D	插头内有焊锡	201	4471	91.81
E	绝缘不良	156	4627	95.93
F	芯线未露	120	4747	97.47
G	其他	123	4870	100

调查者：王某　　　地点：X公司插头焊接组　　　日期：2019年2月10日

第二节 排列图

真理往往掌握在少数人手中。

——列宁

【知识要点】

掌握排列图的基本概念。

【技能要点】

1.能够正确掌握排列图的制作步骤。

2.能够应用排列图来分析、解决产品质量问题。

【素质任务】

养成系统地思考问题、分析问题和解决问题的能力。

运用先进质量管理方法改进生产控制流程

X公司是一家具有现代化铝型材生产技术的大型企业，专业生产各类建筑门窗铝型材和各种用途的工业铝型材。年产绿色、环保新颖铝型材可达36000吨，稀土铝型材4000吨，产品用途广泛，涉及建筑门窗、幕墙、光伏发电系统、家电、家具、装饰、汽车、洁具、机械制造等诸多行业。

顾客对光伏系统用铝型材的质量要求，主要问题体现在外观质量上。因此，公司组织人力开展质量改进活动，通过对产品质量进行分析，找出主要有待改进的质量缺陷类目，通过对流程进行分析，建立流程图和SIPOC图，明确项目的开展范围及涉的部门，并通过因果矩阵寻找主要质量缺陷类目的过程控制点，并通过质量控制小组形式进行改进，最终提高产品质量，降低产品成本，提高顾客满意度，增加市场竞争力。

项目开展完后，交检合格率由4月份的96.01%提高至11月份的98.87%，在控制期内实现98.94%的水平。与此同时，挤压、拉伤、黑线等问题得到很大改善，已经降到一定的界限之内，本项目实现了经济效益与社会效益的统一，通过提高光伏系统用铝型材一次交检合格率，减少了报废返工费用，并因此带来的人力浪费、资源浪费、能源浪费，不但为公司节约了诸多资源，而且减轻了因铝材返加工带来的环境污染和资源消耗，在给公司增加利润的同时给社会带来了福利，社会效益显著。

资料来源：浙江大学质量管理研究中心，知识共享，质量案例

一、排列图的涵义

排列图，又叫帕累托图，它是将质量改进项目从最重要到最次要进行排列而采用的一种简单图示技术。

排列图由一个横坐标、两个纵坐标、几个按高低顺序排列的矩形和一条累计百分比折线组成。它可以用于：按重要性顺序显示出每个质量改进项目对整个质量问题的作用；识别进行质量改进机会；比较改进前后的效果。

二、排列图的应用步骤

本章用以下案例来解释排列图应用的步骤。

（1）确定要进行质量分析的项目和收集数据。

A.选择要进行质量分析的项目；

B.选择用于质量分析的度量单位；

C.选择进行质量分析的时间范围；

D.确定收集数据的方法，采集数据。

【案例】

以下是某公司一周内X型产品不良的记录（表3-3），检查数为800，根据统计的数据，运用排列图进行分析。

表 3-3　X 型产品不良品调查表　　　　　　单位：个

项目＼日期	周一	周二	周三	周四	周五	合计
作业员技术不足	10	11	8	12	9	50
作业员常不在	15	18	16	14	17	80
原料品质欠佳	4	5	5	6	2	22
机器故障	4	4	3	4	3	18
作业流程不当	3	2	2	3	4	14
其他	3	3	4	3	3	16
不良数	39	43	38	42	38	200

（2）按发生次数的顺序（由大到小，有其他项者无论是否为最小，一律置于最后）将项目及次数计入频数分析表（表3-4）。

表 3-4　频数表

项目	不良数 / 个	累计不良数 / 个	百分比 /%	累计百分比 /%
作业员常不在	80	80	40	40
作业员技术不足	50	130	25	65
原料品质欠佳	22	152	11	76
机器故障	18	170	9	85
作业流程不当	14	184	7	92
其他	16	200	8	100
合计	200		100	

（3）画排列图。建立坐标轴，以左纵轴表示不良品数，右纵轴表示百分比，横坐标轴表示不良项目。根据不良数绘制成柱形图，将累计百分率以直线连接。如图3-1所示。

（4）利用排列图确定质量改进的最重要项目。在这个案例中，影响产品质量的重要项目是作业员常不在、作业员技术不足和原料品质欠佳。那么根据排列图的分析，企业接下来的工作就是改进这些项目，找到相对应的解决措施。

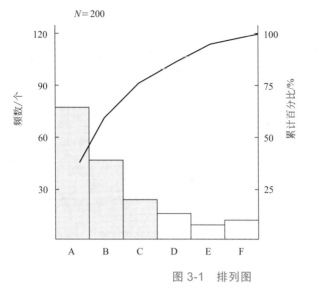

$N = 200$

A 作业员常不在
B 作业员技术不足
C 原料品质欠佳
D 机器故障
E 作业流程不当
F 其他

图 3-1　排列图

三、绘制排列图的注意事项

　　排列图是分析质量问题，确定主要问题，确定引起质量问题的主要原因的比较方便、比较简单的一种数据统计分析工具。正确绘制图形，是正确解决问题的关键。

　　因此，在绘制排列图时，要注意：第一，横坐标的项目应写在每个矩形的中间；第二，横坐标两端不要留空白；第三，左纵坐标顶端刻度应小于等于总数 N，确定顶端数值后，均匀刻度；第四，一般情况下，右纵坐标顶端刻度为100%，且与左纵坐标等高，以下均匀刻度；第五，从图形美观的角度来看，纵坐标应比横坐标略长一些，建议比例为10：7；第六，在图的左上角或空白处，注明总数 $N=$？；第七，当第一项频数小于 $N/2$ 时，应考虑以第一项频数 $\times 3 \div 2$，取近似值的办法确立左纵坐标顶端刻度，这时，右纵坐标顶端刻度将无法与左纵坐标顶端刻度等高，因此，绘图时，柱形图依左纵坐标的刻度来绘制，累计频率线依右纵坐标的刻度来绘制，即各自分别绘制即可，如图3-1所示。

同步项目训练

1.项目目标

通过项目训练，掌握排列图的应用。

2.项目要求

运用排列图的知识，根据表3-5数据作出S007型沙发椅背靠垫不合格项目的排列图。

在对200件S007型沙发椅背靠垫进行全检，得到检查表如下：

表3-5　沙发椅背靠垫检查表

项目	频数/件	项目	频数/件
边缝脱丝	12	缝线不齐	6
擦伤	1	其他	2
调色不均	5	合计	33
脏污	7		

检查人：刘某　　制造单位：A车间B班组　　日期：2019年1月21日

第三节　分层图

真正高明的领导，最大的本事并非今天人们分外推崇的"沟通"和"协调"，而是从纷繁复杂的万物万象中，发现重心是哪里，枢纽在何处。

——金一南

■【知识要点】

掌握分层图的基本概念。

■【技能要点】

能够正确掌握分层图的制作思路。

■【素质任务】

养成系统地思考问题、分析问题和解决问题的能力。

美国礼维公司的分类市场调查

美国礼维公司是以生产牛仔裤而闻名世界的。20世纪80年代末期的销售额仅为800万美元，但到20世纪90年代销售额达到20亿美元，10年间增长了250倍。这主要得益于他们的分类市场调查。该公司设有专门负责市场调查的机构，调查时，应用统计学、行为学、心理学和市场学等知识和手段，按不同国别分析研究消费者的心理差异和需求差异，分析研究不同国别经济情况的变化、环境的影响、市场竞争和时尚趋势等，并据此制订公司的服装生产和销售计划。

礼维公司根据美国市场调查，了解到美国青年喜欢合身、耐穿、价廉、时髦的裤子，为此将这四个要素作为产品的主要目标，因而该公司的产品在美国青年市场中长期占有较大的份额。近几年，礼维公司通过市场调查，了解到许多美国女青年喜欢穿男裤，为此，公司经过精心设计，推出了适合女性需要的牛仔裤和便装裤，使该公司的女装销售额不断增长。虽然美国及国际服装市场竞争激烈，但礼维公司靠分类市场调查提供的信息，确保了经营决策的正确性，使公司在市场竞争中处于不败之地。

礼维公司的分类市场调查对你有什么启示呢？

一、分层图的涵义

由于引起质量波动的原因是多种多样的，因此搜集到的数据往往带有综合性。为了能够真实地反映产品质量波动的原因和变化规律，必须对质量数据进行适当归类和整理。

分层图，又叫分层法、分类法、分组法。它是按照一定的标志，将收集到的大量质量特征数据按数据的不同来源进行归类、整理和汇总的一种方法。其目的在于将杂乱无章的数据加以归类汇总，使其增加可比性、显示规律性。

在使用分层图时，要注意分层的原则，即同一层次内的数据波动幅度要尽可能小，而层与层之间的差别要尽可能大。这样，同层内的数据规律或不同层之间的差异规律，会比较好地表现出来，有利于发现可能存在的质量问题。

在企业中，往往用引起质量波动的因素作为分层的标志，这些因素包括人员、机器、材料、方法、测量、时间、环境等。人员，又可以按年龄、岗位、从业时间、职务职称和性别等进行分层。机器，又可以按设备类型、新旧程度、生产线或管理部门和供应商等进行分层。材料，又可按产地、批号、供应商、规格、成分等进行分层。方法，又可按工艺要求、操作参数、操作方法、生产速度等进行分层。测量，又可按测量设备、测量方法、测量人员、测量取样方法和测量环境条件等进行分层。环境，又可按照明度、清洁度、温度、湿度等进行分层。

根据实际需要，分层的标志还可包括班次、日期、地区、使用条件、缺陷部位等。

分层图在企业中的应用范围很广，在质量管理方面，可以用于：对生产或工作现场发生的质量问题进行归类分析；与其他统计方法配合使用为寻找较佳的解决问题的方法，实施质量改进提供途径。

二、分层图的应用步骤

（1）明确存在的问题和分析方向；

（2）根据问题和分析方向，确定分层标志（层别项目）；

（3）按照分层标志，收集、归类数据；

（4）对各层数据进行分析，可以对每层数据进一步分层分析，画分层归类图（表）；

（5）从各个层别结果分析和发现问题的根本原因。

某液压支柱生产厂的油缸盖之间经常发生漏油。经抽查50件产品后发现，一是由于3个操作者的操工作方法不同；二是所使用的油封垫分由两个厂家提供。在用分层法分析漏油原因时分别采用：按操作者分层（表3-6），按油封垫供应厂家分层（表3-7），按操作者、材料厂家综合分层（表3-8）。

表3-6　按操作者分层

操作者	漏油/件	不漏油/件	漏油率/%
赵某	6	13	32
钱某	3	9	25
孙某	10	9	53
合计	19	31	38

表 3-7　按油封垫供应厂家分层

供应厂	漏油/件	不漏油/件	漏油率/%
A	9	14	39
B	10	17	37
合计	19	31	38

表 3-8　综合分层　　　　　　　　　　　　　　　单位：件

操作者	现象	A	B	合计
赵某	漏油	6	0	6
	不漏油	2	11	13
钱某	漏油	0	3	3
	不漏油	5	4	9
孙某	漏油	3	7	10
	不漏油	7	2	9
合计	漏油	9	10	19
	不漏油	14	17	31
共计		23	27	50

如果仅从表 3-6 来看，孙某的漏油率最高，他的装配技术最差；仅从表 3-7 来看，供应厂 A 的漏油率最高，它的产品质量最差。那么，真相真的是这样吗？

通过对综合分层数据表（表 3-8）分析，可得出：当采用 A 厂家生产的油封垫时，应采用钱某的操作方法；当采用 B 厂家生产的油封垫时，应采用赵某的操作方法。对于孙某来说，他应该由钱某来培训一下，安装 A 厂家生产的汽缸垫。因此，运用分层法时，不宜简单地按单一因素分层，而应考虑各种因素进行综合分层。

同步项目训练

1.项目目标

通过项目训练，掌握分层法的应用。

2.项目要求

（1）查阅近年某省或某市人口统计数据；

（2）确定人口数据分析的目的，确定人口分层标志；

（3）运用分层法，分析该人口统计数据。

第四节　直方图

生命的长短以时间来计算，生命的价值以贡献来计算。

——裴多菲

■ 【知识要点】

掌握直方图的基本概念。

■ 【技能要点】

1. 能够正确掌握直方图的制作步骤。

2. 能够应用直方图来分析、解决产品质量问题。

■ 【素质任务】

养成系统地思考问题、分析问题和解决问题的能力。

"大数据"时代已来临

最早提出"大数据"时代到来的是全球知名咨询公司麦肯锡，麦肯锡称："数据，已经渗透到当今每一个行业和业务职能领域，成为重要的生产因素"。人们对于海量数据的挖掘和运用，预示着新一波生产率增长和消费者盈余浪潮的到来。简单来说：大量数据＋云计算＝大数据时代。

"大数据"时代包括以下特征：第一，数据量大，大数据的起始计量单位至少是P（1000个T）、E（100万个T）或Z（10亿个T）；第二，数据类型繁多，包括网络日志、音频、视频、图片、地理位置信息等，多类型的数据对数据的处理能力提出了更高的要求；第三，数据价值密度相对较低，如随着物联网的广泛应用，信息感知无处不在，信息海量，但价值密度较低，如何通过强大的机器算法更迅速地完成数据的价值"提纯"，是大数据时代亟待解决的难题；第四，处理速度快，时效性要求高，这是大数据区分于传统数据挖掘最显著的特征。

数据与我们日常生活的联系从未如此紧密过，从没有像今天如此活跃，具体地记录着人类与世界。从最初的计算机、摄像头到家用计算机、智能手机，再到大数据和人工智能，我们不断升级采集和利用数据的方式。而现在，从一辆车的每日碳排放量统计到全球气温的检测，从预测个人在网上喜好分析到总统选举时投票趋势的预测，我们都可以做到。数据将人与人，人与世界连接起来，构成一张繁密的网络，每个人都在影响世界，又在被他人影响着。

　　尤其是2020年，在应对新型冠状肺炎疫情的"战斗"中，中国大量采用大数据分析平台，做到了每日发布和更新确诊人数、死亡人数、疑似病例数和无症状感染人数等数据，保障了中国各行各业的复工复产，为助力中国经济稳定和发展做出了重要贡献。

一、直方图的涵义

　　直方图是频数直方图的简称，是指用一系列宽度相等、高度不等的矩形表示数据分布的图，是整理数据、描写质量特征数据分布状态的常用工具。矩形的宽度，表示数据范围的间隔；矩形的高度，表示在给定间隔内的数据频数；变化的高度，表示数据的分布情况。

　　直方图的用途包括：显示质量波动分布的状态；较直观地传递有关过程质量状况的信息；分析质量数据波动状态，就能掌握过程的状况，为质量改进提供机会。

二、直方图的应用步骤

（1）收集数据，要求收集的数据一般为50个以上，最少不少于30个。

（2）计算极差

$$R=x_{\max}-x_{\min}$$

（3）确定分组的组数

$$K=1+3.31\lg N$$

　　一般可以采用上述公式，也可以采用简化$N/10$，但当$N>200$时，一般只需分20组即可。

（4）确定组距（h）。组距，就是组与组之间的间隔，等于极差除以组数，即

$$h = \frac{x_{\max} - x_{\min}}{K} = \frac{R}{K}$$

（5）确定组界。为了避免数据落在分组界限上，组的边界值应取组距的1/2或最小测量单位的1/2。通常，组界从最小值开始。

第1组的上下界限值为（$x_{\min}-h/2$）～（$x_{\min}+h/2$）或（$x_{\min}$－最小测量单位/2）～（$x_{\min}$+最小测量单位/2）

第1组的上界限值就是第2组的下界限值，第2组的下界限值加上组距就是第2组的上界限值，也就是第3组的下界限值，依次类推，可定出各组的组界。

（6）制作频数分布表。将测得的原始数据分布归入到相应的组中，统计各组的数据个数，即频数。为了计算的需要，往往要决定各组的中心值。每组的上下界限值相加除以2，所得数据即为组中值。组中值为各组数据的代表值。

各组频数和组中值填好以后，检查总数是否与数据总数相符，避免重复或遗漏。

（7）绘制直方图。横坐标，表示质量特性（如质量）；纵坐标，表示频数。

在横轴上，标明各组组界，以组距为底，频数为高，画出一系列的直方柱图。

在直方图上应标注出公差范围（T）、样本大小（N）、样本平均值、样本标准偏差值（s）、公差中心（M）的位置。

某产品的质量规范要求为$1000^{+0.50}$（g），表3-9数据是实测数据减去1000g的简化值。

表3-9　某产品重量数据表（N=100）　　　　　　　　　　单位：cg

43	28	27	26	33	29	18	24	32	14
34	22	30	29	22	24	22	28	48	1
24	29	35	36	30	34	14	42	38	6
28	32	22	25	36	39	24	18	28	16
38	36	21	20	26	20	18	8	12	37
40	28	28	12	30	31	30	26	28	47
42	32	34	20	28	34	20	24	27	24
29	18	21	46	14	10	21	22	34	22
28	28	20	38	12	32	19	30	28	19
30	20	24	35	20	28	24	24	32	40

① 计算极差

$$R=x_{\max}-x_{\min}=48-1=47$$

② 确定分组的组数

$$K=N/10=10$$

③ 确定组距

$$h=R/K=4.7\approx 5$$

④ 确定各组的界限值（界限值单位取最小测量单位的1/2）

⑤ 制作频数分布表（表3-10）

表 3-10 频数分布表

组号	组界	组中值	频数（f）	u	fu	fu²
1	0.5～5.5	3	1	−5	−5	25
2	5.5～10.5	8	3	−4	−12	48
3	10.5～15.5	13	6	−3	−18	54
4	15.5～20.5	18	14	−2	−28	56
5	20.5～25.5	23	19	−1	−19	19
6	25.5～30.5	28	27	0	0	0
7	30.5～35.5	33	14	1	14	14
8	35.5～40.5	38	10	2	20	40
9	40.5～45.5	42.5	3	3	9	27
10	45.5～50.5	47	3	4	12	48
$h=5$	$x_0=28$			$N=100$	−27	331

⑥ 绘制直方图（图3-2）

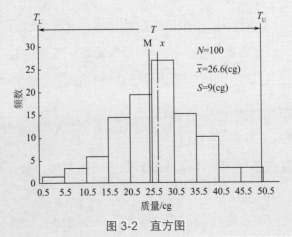

图 3-2 直方图

绘制直方图的注意事项：

a.抽取的样本数量过小，将会产生较大误差，可信度低，也就失去了统计的意义。因此，样本数不应少于50个。

b.组数K选用不当，K偏大或偏小，都会造成对分布状态的判断有误。

c.直方图一般适用于计量值数据，但在某些情况下也适用于计数值数据，这要看绘制直方图的目的而定。

d.图形不完整，标注不齐全，直方图上应标注公差范围线、平均值的位置（点画线表示）不能与公差中心M相混淆；图的右上角标出N、S、$\overline{x}$。

三、直方图特征值的计算

（1）平均值

$$\overline{x} = \frac{1}{N}\sum_{i=1}^{N} x_i = x_0 + \frac{h}{N}\sum_{i=0}^{K} f_i u_i$$

式中　x_0——频数f_i中最大的一组的组中值；

　　　u_i——与中心值的那一组相差的组数，上为负，下为正。

（2）标准差

$$s = h\sqrt{\frac{\sum_{i=1}^{K} f_i u_i^2}{N} - \left(\frac{\sum_{i=1}^{K} f_i u_i}{N}\right)^2}$$

四、直方图的观察分析

对直方图进行分析，就是从整体上去观察分析，看数据的分布规律并作出判断和推理。图形分析时，注意观察形状、数据的集中情况、数据中心位置的情况和数据的分布状况。对直方图的观察分析有图形形状分析和将直方图放入公差范围内进行分析两种。

1.图形形状分析

（1）正常型。直方图中间高、两端低，左右基本对称，数据基本符合正态分布，说明工序运行正常，过程处于正常状态。

（2）锯齿型。直方图出现参差不齐的形态，一般是由于分组过多或测量装置示值误差过大所致。

（3）偏向型。直方图的顶峰偏向一侧，形成不对称图形，这往往是由于操作者倾向性加工引起的。

（4）双峰型。直方图的图形出现两个高峰，这是由于两个总体，如来自两个工人或两批材料或两台设备生产出来的产品混在一起造成的。

（5）孤岛型。在正常图形旁边出现一个小直方图，形成孤岛，这说明过程中有短暂异常因素在起作用，如测量工具有误差，或是原材料一时的变化，或刀具严重磨损，或短时间内有不熟练工人替岗、操作疏忽等。

（6）平顶型。直方图的顶部呈现较大范围的平顶形状，说明过程中有缓慢的异常因素在起作用，如刀具缓慢磨损或操作者疲劳等。

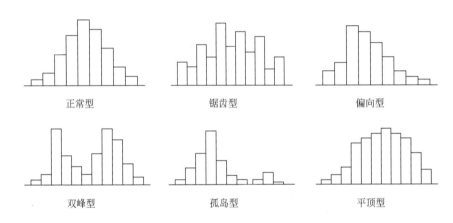

2.直方图与质量标准（公差）比较

（1）理想型。分布中心与公差中心相重合，图形对称分布，且两边有一定余量，如图3-3（a）。

（2）陡壁型（单侧无富余量）。这是一种不完整的直方图，是剔除了不合格品后的数据所作的直方图，如图3-3（b）和图3-3（c）。

（3）无富裕型（双侧无富余量）。图形没有余量，应采取措施，减小标准差，如图3-3（d）。

（4）偏心型。分布中心与公差中心不一致，导致过程能力严重下降，不合格品率大幅度增加，应调整分布中心，使其与公差中心重合，如图3-3（e）。

（5）能力不足型（双侧超差）。直方图较大超出公差范围，如图3-3（f）。

（6）能力富裕型（余量过剩）。直方图只占公差范围的少部分，如图3-3（g）。

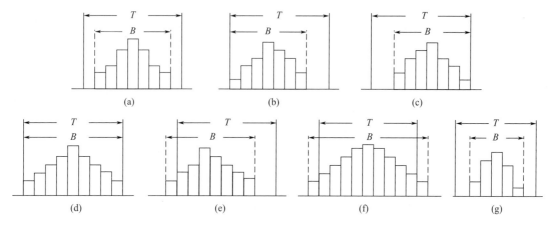

图 3-3　直方图与质量标准比较

当直方图符合公差要求时：① 直方图能充分满足公差要求，对现状不需要调整；② 直方图虽然满足公差要求，但并不充分时应考虑减少质量波动。

当直方图不能满足公差要求时：① 平均值偏离公差中心，必须采取措施消除偏移量；② 要求采取措施减少质量波动。

同步
项目
训练

1.项目目标

通过项目训练，掌握直方图的应用。

2.项目要求

运用直方图完成下列练习。

为了考察四川某地区 S-01 型水稻的生长状况和穗长的分布情况，在一块试验田里抽取了 100 个稻穗，量得它们的长度如下（单位：cm），请绘制直方图，并分析直方图以判断水稻的生长状况。

6.5	6.4	6.7	5.8	5.9	5.9	5.2	4.0	5.4	4.6
5.8	5.5	6.0	6.5	5.1	6.5	5.3	5.9	5.5	5.8
6.2	5.0	5.4	5.0	6.8	6.0	5.0	5.7	6.0	5.5
6.8	6.0	6.3	5.5	5.0	6.3	5.2	6.0	7.0	6.4
6.4	5.8	5.9	5.7	6.6	6.0	6.4	6.8	5.7	7.4
6.0	5.4	6.5	6.0	6.8	6.3	5.8	6.0	6.3	5.6
5.3	6.4	5.7	6.7	6.2	5.6	6.0	6.7	6.7	6.0
5.5	6.2	6.1	5.3	6.2	6.8	6.6	4.7	5.7	5.7
5.8	5.3	7.0	6.0	6.0	5.9	5.4	6.0	5.2	6.0
6.3	5.7	6.8	6.1	4.5	5.6	6.3	6.0	5.8	6.3

第五节　控制图

时间能使隐躲的事物显露，也能使灿烂夺目的东西黯然无光。

——意大利谚语

【知识要点】

掌握控制图的基本概念。

【技能要点】

1. 能够正确掌握控制图的制作步骤。
2. 能够应用控制图来分析、解决产品质量问题。

【素质任务】

养成系统地思考问题、分析问题和解决问题的能力。

专项改进科技木单板漂白脱色工艺项目

D公司以浙江为主要产业基地，不断优化配置资源，持续稳健对外扩张，在江浙赣等地形成一定规模的产业集群，形成了从林木资源种植抚育，到生产各类板材、地板、衣柜等完整产业链，产品销售网络覆盖全国各地，远销六洲诸国。

随着全球森林资源的不断减少，大口径速生木材资源的日益稀缺，采购优质原材的难度愈来愈大，尽管国际原材价格不断攀升，但出材率和等级率等在持续下滑。公司从2008—2010年间，采购的原木经旋切后，C、D级的比例不断升高。

然而近几年市场需求以浅色产品为主，2010年公司浅色产品的销量占产品结构的65%左右。这导致对C、D级板尤其是D级板的库存消耗难度增大，大量C、D级板库存积压，占用了大量的库存资金。同时，由于D级板占用库存空间较多，工厂往往因浅色原材少导致交期拖延甚至无法接单。为此，公司专门成立跨职能项目组，试图寻找优化利用D级板，降低库存的途径。

本项目组应用六西格玛方法的DMAIC流程，结合价值工程（VE）内容，展开项目实施。在项目实施中，项目组采用了多种先进的质量管理理论和方法，例如排列图、关联图、折线图、控制图、柱状图等QC工具，价值功能定义、价值功能分析等价值工程（VE）方法，并采用了DMAIC、SINPOC等六西格玛工具。在改进阶段，项目组做了大量的试验，采用试验设计（DOE）的正交实验方法减少试验次数，降低试验成本。

（资料来源：浙江大学质量管理研究中心）

一、控制图的理论基础

质量特性数据具有波动性，在没有进行观察或测量时，一般是未知的，但又具有规律性，它是在一定的范围内波动的，表现出了随机性。如果随机变量受大量独立的偶然因素影响，而每一种因素的作用又均匀而微小，即没有一项因素起特别突出的作用，则随机变量将服从正态分布。

正态分布是连续型随机变量最常见的一种分布。一般，在生产条件不变的前提下，产品的许多量度，如零件的尺寸、材料的抗拉强度、疲劳强度、邮件的内部处理时长、随机测量误差等都服从正态分布。

正态分布下，在$\mu \pm \sigma$范围内的概率值为68.26%；在$\mu \pm 2\sigma$范围内的概率值为95.45%；在$\mu \pm 3\sigma$范围内的概率值为99.73%；在$\mu \pm 4\sigma$范围内的概率值为99.99%。

二、控制图设计原则——3σ原则

在正态分布的基本性质中，质量特性数据落在$\mu \pm 3\sigma$范围内的概率为99.73%，落在界外的概率只有0.27%，超过一侧的概率只有0.135%，这是一个小概率事件。控制图正是基于这个结论而产生的。

现在把$\mu \pm 3\sigma$线的正态分布曲线向左旋转90°，再去掉正态分布的概率密度曲线，就得到了控制图的轮廓线。

控制图以典型正态分布的分布中心μ为控制中心线，符号为CL；控制图以典型正

态分布的 $\mu+3\sigma$ 界限为上控制线，符号为UCL；控制图以典型正态分布的 $\mu-3\sigma$ 界限为下控制线，符号为LCL。

三、控制图的涵义

控制图（control chart），是对过程质量特性值进行测量、记录、评估，从而监测过程是否处于受控状态的一种用统计方法设计的图。

图上有中心线CL、上控制线UCL、下控制线LCL，并有按时间抽取的样本统计量数值的描点序列。

如果控制图中的描点落在UCL和LCL之外，或者描点在UCL和LCL之间排列但表现得不随机（有规律或某些缺陷），则表明过程出现异常。

控制图可以通过质量诊断，直接控制生产过程，起到预防为主，稳定生产，保证产品质量和进行质量改进的作用。

四、使用控制图时，要注意的两种错误

当生产过程正常时，在纯粹出于偶然原因使点子出界的场合，便据此判断生产过程异常，犯了"错发警报"的错误，称为第一种错误。这种错误将造成虚惊一场、停机检查、劳而无功、延误生产等损失。

如果把控制图的界限扩大，就会增加第二种错误发生的可能。即生产过程已经有了异常，但总还有一部分产品的质量特性值在控制界线之内，那么就犯了"漏发警报"的错误。这种错误将造成不良品增加等损失。

五、控制图的分类

根据统计数据的类型不同，控制图可分为：计量控制图和计数控制图（包括计件控制图和计点控制图）。它们分别适用于不同的生产过程。

计量型控制图包括：x–Rs（单值移动极差图）、$\overline{x}$ – R（均值极差图）、$\overline{x}$ – S（均值标准差图）

计数型控制图包括：P（不合格品率图）、NP（不合格品数图）、u（用于可变样本量的单位缺陷数图）、c（用于固定样本量的缺陷数图）

在实际的工作中，都会用到计量型控制图。因此，本工具着重讲解以下几类计量型控制图。

六、单值–移动极差控制图（x–Rs图）

单值-移动极差控制图经常应用于以下场合：从工序中只能获得一个测定值，如每日电力消耗；一批产品内质量特性数据是均一的，不许测取多个值，如酒精的浓度；因费用等关系，只允许测取少量数值；如需经破坏性试验才能获得的数据；数据的取得需要很长的时间间隔。

正是因为一些场合，无法获取更多的数据，为了取得更好的质量控制效果，可以采用单值-移动极差控制图。它的优点是使用方便，且可尽快发现和判断生产异常；它的缺点是因为采集数据不多，导致控制灵敏度不够高，不易发现工序质量分布平均值的变化，不大适应大量快速生产的需要。其作图步骤如下。

（1）收集数据。一般 $n \geqslant 25$ 个，选取数据应尽可能是近期数据，且能与今后生产中的工序状态相一致（表3-11）。

表 3-11　河流水位数据　　　　　　　　　　　　　　单位：米

序号	1	2	3	4	5	6	7	8	9	10	11	12	13	14	15
x	41	40	39	41	42	41	41	42	41	40	41	41	39	40	41
序号	16	17	18	19	20	21	22	23	24	25					
x	41	43	41	40	42	41	42	41	40	41					

（2）绘制数据表。单值，是指每次测量的数据，用于判断工艺参数中心值的变化情况是否处于受控状态；移动极差，是指相邻两个数据之差的绝对值，用于判断工艺参数分散性的变化情况是否处于受控状态（表3-12）。

表 3-12　数据表

序号	1	2	3	4	5	6	7	8	9	10	11	12	13	14	15
x	41	40	39	41	42	41	41	42	41	40	41	41	39	40	41
Rs		1	1	2	1	1	0	1	1	1	1	0	2	1	1
序号	16	17	18	19	20	21	22	23	24	25					
x	41	43	41	40	42	41	42	41	40	41					
Rs	0	2	2	1	2	1	1	1	1	1					

（3）计算控制界限

x 控制图控制界限：

$$CL = \bar{x} = \frac{1}{n}\sum_{i=1}^{n}x_i = 40.88$$

$$\overline{Rs} = \frac{1}{n-1}\sum_{i=1}^{n}Rs_i = 1.08$$

$$UCL = \bar{x} + 2.66\overline{Rs} = 43.7528 \qquad LCL = \bar{x} - 2.66\overline{Rs} = 38.0072$$

Rs 控制图控制界限：

$$CL = \overline{Rs} = 1.08$$

$$UCL = 3.267\overline{Rs} = 3.52836 \qquad LCL = -3.267\overline{Rs} = -3.52836$$

（4）绘制 x-Rs 控制图

在坐标纸或控制图用纸上画出中心线和上下控制线，横坐标以每个样本的序号表明，纵坐标以对应刻度标明。在控制图上用实线表示中心线，用虚线表示上下界限，再根据数据表中的值分别在两个图中打点。

根据数据表3-12，绘制单值-移动极差控制图如图3-4所示。

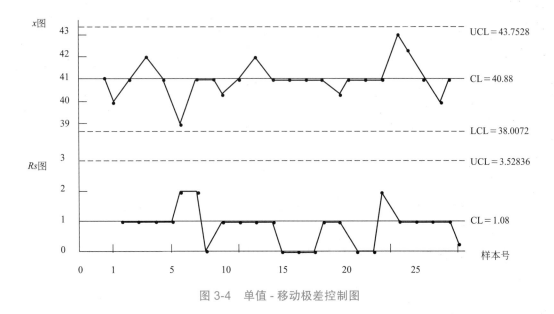

图 3-4　单值 - 移动极差控制图

注意：打点时，Rs 图中的第一个点应与 x 图中的第二个点对齐；越出控制界限的点，应用圆圈标出，以便分析。

七、平均数 – 极差控制图

平均数 - 极差控制图是控制连续型质量特性数据最常用的控制图，可用于控制的对象为长度、质量、强度、纯度、时间和生产量等计量值。

1. 控制图的特点

平均数 - 极差控制图比单值控制图需要的数据量大，比单值控制图的敏感性强，可避免出现第一类错误，因此应用范围比较广。另外，极差不会出现负值，极差的众数会偏向于数值较小的一边，因此极差的分布是不对称的，并有它自身的平均值和标准差。

2. 作图步骤

（1）收集数据。数据一般为50～200个，过少将影响精度，常取100个左右。

（2）数据的分组。从技术上可认为，在大致相同的条件下，所收集的数据应分在同一组内，组中不应包括不同性质的数据，保证组内仅存在正常因素的影响，否则，会使组与组之间的散差加大，不能反映出数据的本来面目。一般无特殊技术依据，应按时间顺序分组，数据的组数常取20～30组，每组的数据大约3～6个为宜。每组数据的个数叫做样本量的大小，用n表示；样本的组数，用K表示。

一般情况下，可以在收集数据时就开始考虑数据的分组，如软饮料公司可根据工艺要求，规定每小时测量一次酸碱度或成分比例，这样可以将每一天的数据划分为一组；快递公司考察某线路的快递送达时间，规定每天早8点、12点、16点采集数据，这样同样可以将每一天的数据划分为一组。

（3）填写数据表。在数据表中应把数据的来历交待清楚，可以记上产品名称、件号、标准规格要求、试样取法、测量方法以及操作者、检验者等。这对于分析研究控制图，寻找非偶然因素的异常原因是非常重要的原始资料。

（4）计算控制界限

均值图的控制界限：

$$CL = \bar{\bar{x}} \qquad UCL = \bar{\bar{x}} + A_2 \bar{R} \qquad LCL = \bar{\bar{x}} - A_2 \bar{R}$$

R图的控制界限：

$$CL = \bar{R} \qquad UCL = D_4 \bar{R} \qquad LCL = D_3 \bar{R}$$

（5）绘制均值-极差控制图

成都市某快递公司的某快递线路每天投递五次，现将同一天采集到的数据归为一组，其作业行程时间如表3-13所示，根据图中数据，绘制均值-极差控制图。

第1步　采集数据

表3-13　投递作业行程时间采集表　　　　　　　单位：分

组别	观测值				
	x_1	x_2	x_3	x_4	x_5
1	204	162	165	171	182
2	194	152	157	167	148
3	131	145	165	164	168
4	179	182	171	142	179
5	165	174	153	167	196
6	158	154	176	164	185
7	168	173	152	175	146
8	166	168	171	151	169
9	162	173	187	157	156
10	161	132	181	153	177
11	176	152	167	197	159
12	151	147	169	178	157
13	127	155	174	137	178
14	157	184	122	154	175
15	175	166	156	144	165
16	188	154	160	172	135
17	174	184	170	138	162
18	152	139	159	178	161
19	192	163	178	151	149
20	164	187	179	199	167

第2步 填写数据表（表3-14）

表 3-14　数据表

组别	观测值					组内均值 x_i	组内极差 R_i
	x_1	x_2	x_3	x_4	x_5		
1	204	162	165	171	182	176.8	42
2	194	152	157	167	148	163.6	46
3	131	145	165	164	168	154.6	37
4	179	182	171	142	179	170.6	40
5	165	174	153	167	196	171	43
6	158	154	176	164	185	167.4	31
7	168	173	152	175	146	162.8	29
8	166	168	171	151	169	165	20
9	162	173	187	157	156	167	31
10	161	132	181	153	177	160.8	49
11	176	152	167	197	159	170.2	45
12	151	147	169	178	157	160.4	31
13	127	155	174	137	178	154.2	51
14	157	184	122	154	175	158.4	62
15	175	166	156	144	165	161.2	31
16	188	154	160	172	135	161.8	53
17	174	184	170	138	162	165.6	46
18	152	139	159	178	161	157.8	39
19	192	163	178	151	149	166.6	43
20	164	187	179	199	167	179.2	35

第3步 计算控制界限

均值图的控制界限：根据表3-14计算得出

$$\overline{\overline{x}} = \frac{\sum_{i=1}^{K} \overline{x}_i}{K} = 164.75 \qquad \overline{R} = \frac{\sum_{i=1}^{K} R_i}{K} = 40.2$$

$$CL = \overline{\overline{x}} = 164.75$$

$$UCL = \overline{\overline{x}} + A_2\overline{R} = 164.75 + 0.577 \times 40.2 = 187.9454$$

$$LCL = \bar{\bar{x}} - A_2\bar{R} = 164.75 - 0.577 \times 40.2 = 141.5546$$

R图的控制界限：

$$CL = \bar{R} = 40.2$$

$$UCL = D_4\bar{R} = 2.114 \times 40.2 = 84.9828$$

$$LCL = D_3\bar{R} = 0 \times 40.2 = 0$$

A_2、D_3、D_4，是由计量值控制图系数表查出来的。

第4步　绘制均值-极差控制图（图3-5）

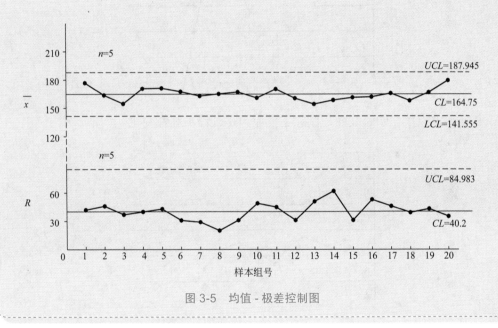

图3-5　均值-极差控制图

八、控制图的判断准则

1.控制图的判断原理

控制图对过程的判断是以小概率事件原理为理论依据。小概率事件原理，指概率很小的事件一般很难发生，但一旦发生了小概率事件，那就要分析其发生的原因了，因此，一般而言，发生概率在0.01%以下的事件，就应加以考虑了。

2.判稳准则

符合下列条件之一时，即可判稳：

A.连续25个点，落在控制界外的点数为0；

B.连续35个点，落在控制界外的点数小于或等于1；

C.连续100个点，落在控制界外的点数小于或等于2。

3.判异准则

A.1个点落在A区之外。

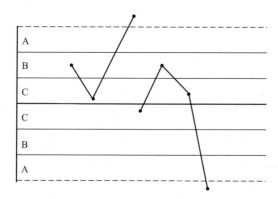

B.连续9点落在中心线同一侧。主要原因是过程平均值变化。

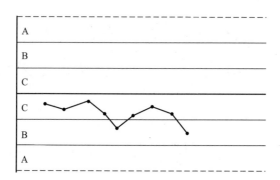

C.连续6点递增或递减。产生这种趋势的原因可能是工具逐渐磨损、维修逐渐变坏等，从而使得参数随着时间而变化。

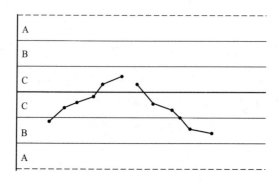

D.连续14点中相邻点交替上下。原因可能是数据分层不够，如两名操作人员轮流进行操作或轮流使用两台设备。

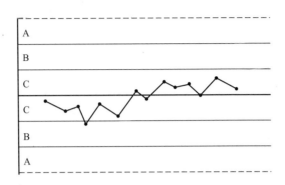

E.连续3点中有2点落在中心线同一侧的B区以外。原因可能是过程参数μ发生了变化。

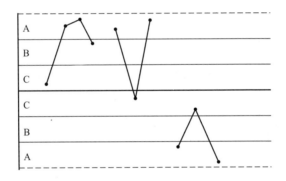

F.连续5点中有4点落在中心线同一侧的C区以外。原因可能是过程参数μ发生了变化。

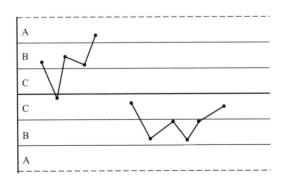

G.连续15点落在中心线两侧的C区以内。现象是参数σ变小，实际可能为数据分层不够或数据造假。

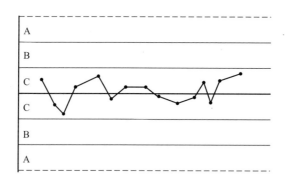

H.连续8点落在中心线两侧且无一在C区内。主要原因为数据分层不够。

4.失控状态

生产过程处于失控状态的明显特征是：有一部分样本点超出控制界限；或者没有样本点出界，但样本点排列和分布异常。典型的失控状态有以下几种情况。

（1）链状：有多个样本点连续出现在中心线一侧。

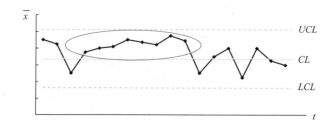

A. 连续7点或7点以上出现在中心线一侧。

B. 连续11点至少有10点出现在中心线一侧。

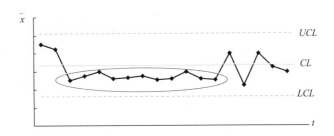

C. 连续14点至少有12点出现在中心线一侧。

D. 连续17点至少有14点出现在中心线一侧。

E. 连续20点至少有16点出现在中心线一侧。

（2）倾向：连续7点上升或下降。

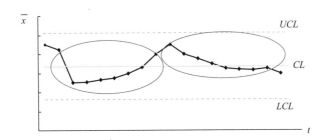

（3）接近：有较多的边界点。

A. 连续3点中有2点落在A区内；

B. 连续7点中有4点落在A区内；

C. 连续10点中有4点落在A区内；

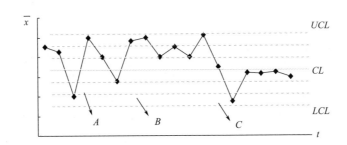

（4）周期：样本点的周期性变化。

控制图上的样本点呈现周期性的分布状态，说明生产过程中有周期性因素影响，使生产过程失控，所以应该及时查明原因，予以消除。

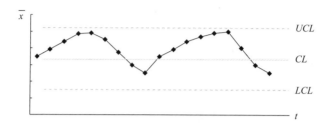

（5）突变：样本点分布的水平突变。

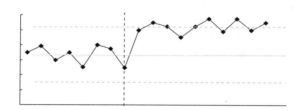

（6）渐变：样本点分布的水平位置渐变。

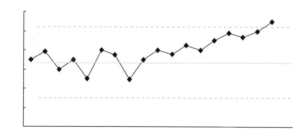

（7）样本点的离散度变大

控制图中的样本点呈现较大的离散性，即标准差变大。说明有系统性原因影响。例如，原材料规格不统一，样本来自不同总体等，查明情况后要及时采取措施加以消除。

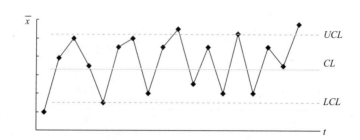

5.对判断异常的处置原则

应按"查明原因，采取措施，加以消除，不再出现，纳入标准"的原则处置。在"查明原因"时，可以应用第六节的质量控制工具，即因果图。

同步项目训练

1.项目目标

通过项目训练，掌握控制图的应用。

2.项目要求

某公司新安装一台装填机。该机器每次可将5000g的产品装入固定容器。规范要求为5000^{+50}_{+0}（g）。规定以5个连续装填的容器为一个样本，每隔一小时抽取一个样本。测得数据如下，请用控制图来分析装填机的质量。

样本号	x_1	x_2	x_3	x_4	x_5	样本号	x_1	x_2	x_3	x_4	x_5
1	47	32	44	35	20	14	37	32	12	38	30
2	19	37	31	25	34	15	25	40	24	50	19
3	19	11	16	11	44	16	7	31	23	18	32
4	29	29	42	59	38	17	38	0	41	40	37
5	28	12	45	36	25	18	35	12	29	48	20
6	40	35	11	38	33	19	31	20	35	24	47
7	15	30	12	33	26	20	12	27	38	31	40
8	35	44	32	11	38	21	52	42	24	25	52
9	27	37	26	20	35	22	20	31	15	3	28
10	23	45	26	37	32	23	29	47	41	32	22
11	28	44	40	31	18	24	28	27	22	32	54
12	31	25	24	32	22	25	42	34	15	29	21
13	22	37	19	47	14						

第六节　因果图

有风方起浪，无潮水自平。

——谚语

■【知识要点】

掌握因果图的基本概念。

■【技能要点】

1. 能够正确掌握因果图的制作步骤。
2. 能够应用因果图来分析、解决产品质量问题。

■【素质任务】

养成系统地思考问题、分析问题和解决问题的能力。

漆包线过程质量改进项目

Q公司于2011年3月在卓越绩效模式项目的框架下，采用先进的质量管理方法来指导公司的研发及生产制造，并产生了巨大的经济效益与社会效益。本项目主要采取了SPC、因果图、FMEA等质量管理方法，以QCC品管圈的形式，在高层领导的支持下，通过PDCA及DMAIC模式的循环，不断寻求创新和改进，使得公司的产品质量进一步提升。

针对当前漆包线产品的质量问题比较突出，生产过程经常处于失控状态，且常遭到客户投诉等问题，公司决定一方面运用SPC手段改进和控制生产过程，另一个方面对于客户的投诉，运用因果图分析原因，根据顾客的需求进行适应性质量的改进，并通过FMEA的可靠性分析，寻找出控制点，增加顾客满意度，进一步梳理流程，改善过程可靠性，引导生产及品管部门关注各质量控制点，减少产品变异，增加企业产品的竞争力。

一、因果图的涵义

因果图，由日本管理大师石川馨所发明，又叫石川图、特性因素图、树枝图、鱼刺图等，是分析原因与结果之间关系的一种图示技法。它是把影响某项质量特性的各种主要因素加以归类和分解，并在图上用箭头表示其间关系的一种工具。

凡因果关系比较直接、简单的问题，均可使用因果图予以分析。具体可用于：对生产或工作现场存在的质量问题分析因果关系；职能部门在开展质量分析时，表达因果关系、积累经验；在进行质量改进时，作为寻找达到目标的途径。

二、因果图的组成

（1）特性。即生产过程或工作过程中出现的结果，是指要通过管理工作和技术措施予以解决并能够解决的问题。

（2）原因。即对质量特性产生影响的主要因素。原因通常又分为大原因、中原因、小原因等。

（3）枝干。枝干指表示特性（结果）与原因间关系或原因与原因间关系的各种箭头。把全部原因同质量特性联系起来的是主干；把个别原因同主干联系起来的是大枝；把逐层细分的因素同各个要因联系起来的是中枝、小枝和细枝。

三、因果图的作图步骤

（1）简明扼要地确认质量特性（结果）。结果、特性或目标，应放在图的右端。

（2）确定可能发生的原因的主要类别。把它们分别放在图中主干（一般用粗箭头，指向质量特性）的两旁，类别大枝（导致问题产生的大类原因，在生产中，一般选择人、机、料、法、环等）与主干需形成60°～75°的夹角。

（3）循着某个原因类别寻找第一层次的大原因。把它们用箭线分别列在类别大枝的两旁，箭线应与主干平行。

（4）确定好第一层次的大原因后，再继续确定第二层次的中原因，以箭线指向大原因，箭线应与类别大枝平行。

（5）确定好第二层次的中原因后，继续确定第三层次的小原因，同样以箭线指向中原因，箭线应与主干平行。

（6）对其他类别大枝也需要按（3）（4）（5）步骤进行，然后整理出因果图。

（7）检查各项主要因素和细分因素是否有遗漏。

（8）对特别重要的原因要附以标记，用明显的记号将其框起来。特别重要的原因，即对质量特性影响较大的因素，可通过排列图来确定。

（9）记载必要的有关事项，如因果图的标题、制图者、时间及其他备查事项。

四、因果图的注意事项

（1）主干线箭头指向的结果（要解决的问题）只能是一个。

（2）因果图中的原因是可以归类的，类与类之间的原因不发生联系，要注意避免归类不当和因果倒置的错误。

（3）在分析原因时，要设法找到主要原因，注意大原因不一定都是主要原因。

（4）要广泛而充分地汇集各方面的意见，要特别重视有实际经验的现场人员的意见。

（5）根据实际问题，大枝的数量一般取3～6个，最好是4～5个。

（6）原因分析要透彻，对大枝的分析至少要到第二层次，如有必要还应继续追溯到第n层次，直到找到措施为止。

（7）在每一类别大枝上，凡最末层次的因素均为末端原因。

（8）图画好后，要仔细验证因果关系，避免出现颠倒现象。

某电梯生产企业，通过质量调查，发现电梯门头装配能力较低，现用因果图（图3-6）来分析可能导致该问题的原因。进而，为问题的解决做好准备。

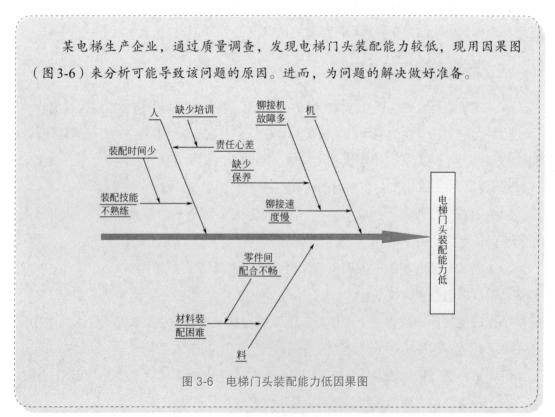

图3-6　电梯门头装配能力低因果图

通过因果图分析，找到导致电梯门头装配能力较低的主要原因是员工培训方面缺少质量意识和责任心的内容；对铆接机的保养做得也很不到位，造成铆接机保养较差；零件配合也不好。

资料来源：董文尧.质量管理学，清华大学出版社，2006

五、因果图的种类

1.问题分解型

问题分解型因果图，是企业最常运用的因果图，它的重点是找到导致问题与原因之间的联系。其做法是沿着为什么会出现该问题的思路层层细追下去，依次画出大枝、中枝、小枝、细枝，并标上相应的大原因、中原因、小原因和更小原因等。

其优点是便于用箭头把原因联系起来，作图较简便；缺点是容易漏掉小原因。

2.原因罗列型

原因罗列型因果图，是在问题与原因间的联系不是很明朗、清晰时常用的一种因果图。其做法是用卡片或黑板将想到的所有原因都罗列出来，然后再通过整理逐级分类，确定出大枝、中枝、小枝和细枝间的关系。

其优点是不至于漏掉主要原因；缺点是原因间难于用箭头正确连接，作图较麻烦。

3.工序分类型

工序分类型因果图，常常在制造生产企业分析生产过程或工艺过程中存在的问题与原因之间的联系时使用。其做法是按工序流程画大枝，然后把对质量有影响的原因填写在相应的工序（大枝）上。

其优点是作图简便，易于理解；缺点是相同原因有时会出现多次，难于表现多个因素联系在一起同时影响质量的情况。

第七节　散布图

成事唯多远虑，败事皆因少想。

——谚语

金属化网格型安全膜生产过程优化项目

国家级高新技术企业——N公司于2011年3月在卓越绩效模式项目的框架下，采用先进的质量管理方法指导公司的研发及生产制造，产生了巨大的经济效益与社会效益。针对当时电容器用薄膜普遍存在的介质膜利用率低、安全性和使用寿命不理想等缺点，在南洋科技电子薄膜方面专有技术基础上，"基于FMEA和TRIZ的金属化网格型安全膜生产过程优化"项目主要采取了SIPOC、FMEA、TRIZ以及新老QC七种工具等先进的质量管理方法，应用于金属化网格型安全膜生产过程的优化，并因此而研发出了电容器用超薄型耐高温金属化安全薄膜产品，获得2011年8月发明授权专利：纵向分区式金属化网格型安全膜电极结构。

资料来源：浙江大学质量管理研究中心，知识共享，质量案例

一、散布图的涵义

散布图是用非数学的方式来辨认某现象的测量值与可能原因之间的关系。这种图示方式具有快捷、易于交流和易于理解的特点。用来绘制散布图的数据必须是成对的(x, y)。通常用垂直轴表示现象测量值y，用水平轴表示可能有关系的原因因素x。推荐两轴的交点采用两个数据集（现象测量值集，原因因素集）的平均值。收集现象测

量值时要排除其他可能影响该现象的因素。例如，测量机器制产品的表面品质时，也要考虑到其他可能影响表面品质的因素，如进给速度、刀具状态等。

散布图又叫相关图，它是将两个可能相关的变数资料用点画在坐标图上，判断成对资料之间是否有相关性。这种成对的资料或许是特性-原因，特性-特性-原因的关系。通过对其观察分析，来判断两个变数之间的相关关系。这种在生产中也是常见的，例如热处理时淬火温度与工件硬度之间的关系，某种元素在材料中的含量与材料强度的关系等。这种关系虽然存在，但又难以用精确的公式或函数表示，在这种情况下用相关图来分析就很方便。

假定有一对变数 x 和 y，x 为影响因素，y 表示某一质量特征值。通过实验或收集到的 x 和 y 的资料用点表示出来，根据点的分布特点，就可以判断 x 和 y 的相关情况。在我们的生活及工作中，许多现象和原因，有些呈规则的关联，有些呈不规则关联。我们要了解它，可借助散布图统计手法来判断它们之间的相关关系。

散布图是由一直角坐标表示，其横轴表示 x 变量的测定值，纵轴表示 y 变量的测定值，将各组 x 测定值与 y 测定值之交点全部绘出。

当不知道两个因素之间的关系或两个因素之间的关系在认识上比较模糊而需要对这两个因素之间的关系进行调查和确认时，可以通过散布图来确认二者之间的关系。实际上是一种实验的方法。

需要强调的是，在使用散布图调查两个因素之间的关系时，应尽可能固定对这两个因素有影响的其他因素，才能使通过散布图得到的结果比较准确。

通过散布图对数据的相关性进行直观地观察，不但可以得到定性的结论，而且可以通过观察剔除异常数据，从而提高用计算法估算相关程度的准确性。

二、作图步骤

（1）收集 x 与 y 的成对数据，不得少于30对。

（2）计算 x 变量测定值的平均值，计算 y 变量测定值的平均值。

（3）在直角横坐标 x 轴上划出 x 值的刻度（刻度在轴的内侧，数字标示在轴的外侧），并且以最小值当起点，刻度间表示均为同等值。纵坐标 y 轴上划出 y 值的刻度（刻度在轴的内侧）。

（4）x 轴与 y 轴之交点处不可标示0数字，并且 x 轴的全宽度与 y 轴的全宽度最好相等。

（5）将各组数据的点绘于坐标上，若有两组数据完全相同，则可用○标识；若有三组数据完全相同，则可用◎标识。

（6）判断，分析点子云的分布状况，确定其相关关系的类型。

（7）填上资料的收集地点、时间、测定方法、制作者等项目。

注意：

a. 两组变量的对应数至少在30个以上，最好50个、100个最佳。

b. 找出 x、y 轴的最大值与最小值，并以 x、y 的最大值及最小值建立 x-y 坐标。

c. 通常横坐标用来表示原因或自变量，纵坐标表示效果或因变量。

d. 散布图绘制好后，分析散布图应谨慎，因为散布图是用来理解一个变量与另一个变量之间可能存在的关系的，这种关系需要进一步分析，最好做进一步的调查。

e. 散布图反映的只是一种趋势，对于定性的结果还需要具体分析。

f. 分析时，应注意对数据正确分层，否则可能会发生误判。

g. 对散布图进行分析时，需要观察是否有异常点或者离群点出现。

h. 当数据较多时，可能会出现重复数据，对重复数据要进行区分，并加以分析。

某汽车制造商A型小轿车生产线需定期对刹车齿轮淬火工艺进行质量分析，现收集生产相对稳定状态下的淬火温度值30个，并收集与淬火温度相对应的产品硬度30个。如表3-15所示。

表3-15

序号	淬火温度 x	硬度 y	序号	淬火温度 x	硬度 y	序号	淬火温度 x	硬度 y
1	810	47	11	840	52	21	810	44
2	890	56	12	870	51	22	850	53
3	850	48	13	830	53	23	880	54
4	840	45	14	830	45	24	880	57
5	850	54	15	820	46	25	840	50
6	890	59	16	820	48	26	880	54
7	870	50	17	860	55	27	830	46
8	860	51	18	870	55	28	860	52
9	810	42	19	830	49	29	860	50
10	820	53	20	820	44	30	840	49

建立坐标轴，依据变量x和y画出横坐标轴和纵坐标轴。横轴和纵轴的长度基本相等，以便于分析相关关系。

将表中各组数据一一对应地在坐标中标识出来（图3-7）。若有两组数据完全相同，则可用〇标识；若有三组数据完全相同，则可用◎标识。

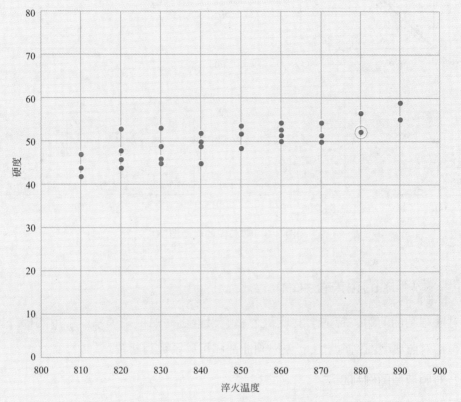

图 3-7　刹车齿轮的淬火温度与硬度散布图

三、散布图的典型图例

（1）强正相关（如容量和附料重量）$r=+1$，如图3-8（a）所示，x与y关系密切。

（2）强负相关（油的黏度与温度）$r=-1$，如图3-8（b）所示，x与y关系密切。

（3）弱正相关（身高和体重）$0<r<1$，如图3-8（c）所示，除了x因素之外，还有其他因素对y有影响。

（4）弱负相关（温度与步伐）$-1<r<0$，如图3-8（d）所示，除了x因素之外，还有其他因素对y有影响。

（5）不相关（气压与气温）r=0，如图3-8（e）所示，x与y没有关系。

（6）非线性相关r=0，如图3-8（f）所示，x与y为曲线相关。

注：r为相关系数。

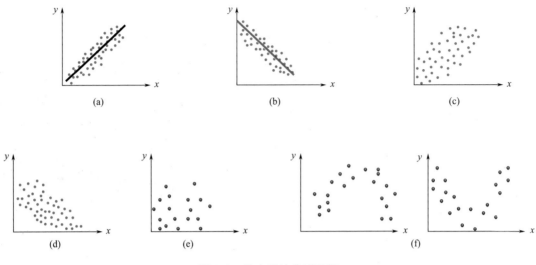

图 3-8　散布图的典型图例

四、散布图的相关性判断

对散布图的使用，着重于发现两个影响因素之间的相关关系。常用的相关性判断方法包括对照典型图例判断法、象限判断法和相关系数判断法。

1.对照典型图例判断法

对照典型图例判断法，顾名思义就是对照典型图例来分析判断两个影响因素之间的相关关系的一种方法。将所绘制出的散布图与散布图的典型图形对比，以判断两因素的相关性。

2.象限判断法

象限判断法，又叫中值判断法、符号检定判断法。

具体使用步骤如下：

① 在散布图上画一条与y轴平行的中值线f，使f线左、右两边的点子数大致相等；

② 在散布图上画一条与x轴平行的中值线g，使g线上、下两边的点子数大致相等；

③ f、g两条线把散布图分成4个象限区域Ⅰ、Ⅱ、Ⅲ、Ⅳ。分别统计落入各象限

区域内的点子数。

④ 分别计算对角象限区域内的点子数；

⑤ 根据判断规则，来分析 x 与 y 两因素的相关性。

判断规则包括：若 $n_I + n_{III} > n_{II} + n_{IV}$，则判断为正相关；若 $n_I + n_{III} < n_{II} + n_{IV}$，则判断为负相关。

根据上述案例数据，进一步应用象限判断法来分析刹车齿轮的淬火温度与硬度两因素的相关性（图3-9）。

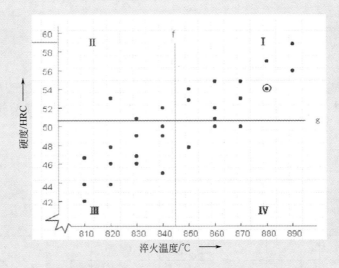

图 3-9　刹车齿轮的淬火温度与硬度散布图

通过分析，刹车齿轮的淬火温度与硬度之间呈强正相关关系。

3.相关系数判断法

相关系数判断法，是通过计算两因素的相关系数来判断它们之间的相关性。一般而言，需遵循以下判断规则：若 $|\gamma| > \gamma_a$，则 x 与 y 相关；若 $|\gamma| < \gamma_a$，则 x 与 y 不相关。

具体应用步骤如下：

a.简化 x、y 数据为 x'、y'。

b.计算 x'^2，y'^2，$x'y'$，$x'+y'$，$(x'+y')^2$。

c.计算 $\sum x'$，$\sum y'$，$\sum x'^2$，$\sum y'^2$，$\sum x'y'$，$\sum(x'+y')$，$\sum(x'+y')^2$。

d.计算 $L_{x'x'}$，$L_{y'y'}$，$L_{x'y'}$。

$$L_{x'x'} = x'^2 - \frac{(\sum x')^2}{N}$$

$$L_{y'y'} = y'^2 - \frac{(\sum y')^2}{N}$$

$$L_{x'y'} = \sum(x'y') - \frac{(\sum x')(\sum y')}{N}$$

e.计算相关系数。

$$\gamma = \frac{L_{x'y'}}{\sqrt{L_{x'x'}}\sqrt{L_{y'y'}}}$$

f.查出临界相关系数 γ_a。

γ_a 可根据 N-2 和显著性水平 α 查临界相关系数检查表求得。

根据上述案例数据，进一步应用相关系数判断法来分析刹车齿轮的淬火温度与硬度两因素的相关性。

简化数据 $x, x' = (x-800)/10$；简化数据 $y, y' = (y-40)\times 1$；求得数据如表3-16所示。

表 3-16

序号	x'	y'	x'^2	y'^2	$x'y'$	$x'+y'$	$(x'+y')^2$
1	1	7	1	49	7	8	64
2	9	16	81	256	144	25	625
3	5	8	25	64	40	13	169
4	4	5	16	25	20	9	81
5	5	14	25	196	70	19	361
6	9	19	81	361	171	28	784
7	7	10	49	100	70	17	289
8	6	11	36	121	66	17	289
9	1	2	1	4	2	3	9
10	2	13	4	169	26	15	225
11	4	12	16	144	48	16	256
12	7	11	49	121	77	18	324

序号	x'	y'	x'^2	y'^2	$x'y'$	$x'+y'$	$(x'+y')^2$
13	3	13	9	169	39	16	256
14	3	5	9	25	15	8	64
15	2	6	4	36	12	8	64
16	2	8	4	64	16	10	100
17	6	15	36	225	90	21	441
18	7	15	49	225	105	22	484
19	3	9	9	81	27	12	144
20	2	4	4	16	8	6	36
21	1	4	1	16	4	5	25
22	5	13	25	169	65	18	324
23	8	14	64	196	112	22	484
24	8	17	64	289	136	25	625
25	4	10	16	100	40	14	196
26	8	14	64	196	112	22	484
27	3	6	9	36	18	9	81
28	6	12	36	144	72	18	324
29	6	10	36	100	60	16	256
30	4	9	16	81	36	13	169
合计	141	312	839	3778	1708	453	8033

计算$L_{x'x'}$，$L_{y'y'}$，$L_{x'y'}$，如下：

$$L_{x'x'} = x'^2 - \frac{(\sum x')^2}{N} = 839 - \frac{141^2}{30} = 176.3$$

$$L_{y'y'} = y'^2 - \frac{(\sum y')^2}{N} = 3778 - \frac{312^2}{30} = 533.2$$

$$L_{x'y'} = \sum(x'y') - \frac{(\sum x')(\sum y')}{N} = 1708 - \frac{141 \times 312}{30} = 241.6$$

计算相关系数

$$\gamma = \frac{L_{x'y'}}{\sqrt{L_{x'x'}}\sqrt{L_{y'y'}}} = \frac{241.6}{\sqrt{176.3}\times\sqrt{533.2}} = 0.788$$

查出临界相关系数

根据N-2和显著性水平α查临界相关系数检查表求得γ_a=0.361（α=0.05）。

通过分析，$\gamma > \gamma_a$，即0.788＞0.361，因此，刹车齿轮的淬火温度与硬度之间呈强正相关关系。

同步项目训练

1.项目目标

通过项目训练，掌握散布图的应用。

2.项目要求

运用散布图完成下列练习。某酒类生产企业判定中间产品的酸度与酒度之间是否存在相关关系？存在什么关系？

序号	酸度 x	酒度 y	序号	酸度 x	酒度 y	序号	酸度 x	酒度 y
1	0.5	6.3	11	1.5	4.4	21	1.6	3.8
2	0.9	5.8	12	0.7	6.6	22	1.5	3.4
3	1.2	4.8	13	1.3	4.6	23	1.4	3.8
4	1.0	4.6	14	1.0	4.8	24	0.9	5.0
5	0.9	5.4	15	1.2	4.1	25	0.6	6.3
6	0.7	5.8	16	0.7	6.0	26	0.7	6.4
7	1.4	3.8	17	0.9	6.1	27	0.6	6.8
8	0.9	5.7	18	1.2	5.3	28	0.5	6.4
9	1.3	4.3	19	0.8	5.9	29	0.5	6.7
10	10	5.3	20	1.2	4.7	30	1.2	4.8

附表

1. 计量值控制图系数表

样本大n	均值控制图					标准差控制图							极差控制图				中位数控制图	
	控制界限系数			中心线系数		控制界限系数				中心线系数			控制界限系数				控制界限系数	
	A	A2	A3	C4	1/C4	B3	B4	B5	B6	d2	1/d2	d3	D1	D2	D3	D4	M3	M3A2
2	2.121	1.880	2.659	0.798	1.253	0	3.267	0	2.606	1.128	0.887	0.853	0	3.686	0	3.267	1.000	1.880
3	1.732	1.023	1.954	0.886	1.128	0	2.568	0	2.276	1.693	0.591	0.888	0	4.358	0	2.574	1.160	1.187
4	1.500	0.729	1.628	0.921	1.085	0	2.266	0	2.088	2.059	0.486	0.880	0	4.698	0	2.282	1.092	0.796
5	1.342	0.572	1.427	0.940	1.064	0	2.089	0	1.964	2.326	0.430	0.864	0	4.918	0	2.114	1.198	0.691
6	1.225	0.483	1.287	0.952	1.051	0.030	1.970	0.029	1.874	2.534	0.395	0.848	0	5.078	0	2.004	1.135	0.549
7	1.134	0.419	1.182	0.959	1.042	0.118	1.882	0.113	1.806	2.704	0.370	0.833	0.204	5.204	0.076	1.924	1.214	0.509
8	1.061	0.373	1.099	0.965	1.036	0.185	1.815	0.179	1.751	2.847	0.351	0.820	0.388	5.306	0.136	1.864	1.160	0.432
9	1.00	0.377	1.032	0.969	1.032	0.29	1.761	0.232	1.707	2.970	0.337	0.808	0.547	5.393	0.184	1.816	1.223	0.412
10	0.949	0.308	0.975	0.973	1.028	0.284	1.716	0.276	1.669	3.078	0.325	0.797	0.687	5.469	0.223	1.777	1.176	0.363
11	0.905	0.285	0.927	0.975	1.025	0.321	1.679	0.313	1.637	3.173	0.315	0.787	0.811	5.535	0.256	1.744		
12	0.886	0.266	0.886	0.978	1.023	0.354	1.646	0.346	1.610	3.258	0.307	0.778	0.922	5.594	0.283	1.717		
13	0.832	0.249	0.850	0.979	1.021	0.382	1.618	0.374	1.585	3.336	0.300	0.770	1.025	5.647	0.307	1.693		
14	0.802	0.235	0.817	0.981	1.019	0.406	1.594	0.399	1.563	3.407	0.294	0.763	1.118	5.696	0.328	1.672		
15	0.775	0.223	0.789	0.982	1.018	0.428	1.157	0.421	1.544	3.472	0.288	0.756	1.203	5.741	0.347	1.653		
16	0.750	0.212	0.763	0.984	1.017	0.448	1.552	0.440	1.526	3.532	0.283	0.750	1.282	5.782	0.363	1.637		
17	0.728	0.203	0.739	0.985	1.016	0.466	1.534	0.458	1.511	3.588	0.279	0.744	1.356	5.820	0.378	1.622		
18	0.707	0.194	0.718	0.985	1.015	0.482	1.518	0.475	1.496	3.640	0.275	0.739	1.424	5.856	0.391	1.608		
19	0.688	0.187	0.698	0.986	1.014	0.497	1.503	0.490	1.483	3.689	0.271	0.734	1.487	5.891	0.403	1.597		
20	0.671	0.180	0.680	0.987	1.013	0.510	1.490	0.504	1.470	3.735	0.268	0.729	1.549	5.921	0.415	1.585		
21	0.655	0.173	0.663	0.988	1.013	0.253	1.477	0.516	1.459	3.778	0.265	0.724	1.605	5.951	0.425	1.575		
22	0.640	0.167	0.647	0.988	1.012	0.534	1.466	0.528	1.448	3.819	0.262	0.720	1.659	5.979	0.434	1.566		
23	0.626	0.126	0.633	0.989	1.011	0.545	1.455	0.539	1.438	3.858	0.259	0.716	1.710	6.006	0.443	1.557		
24	0.612	0.157	0.619	0.989	1.011	0.555	1.445	0.549	1.429	3.895	0.257	0.712	1.759	6.031	0.451	1.548		
25	0.600	0.153	0.606	0.990	1.011	0.565	1.435	0.559	1.420	3.931	0.254	0.708	1.806	6.056	0.459	1.541		

2. 相关系数检查表

N-2 \ α	0.05	0.01	N-2 \ α	0.05	0.01
1	0.997	1.000	21	0.413	0.526
2	0.950	0.990	22	0.404	0.515
3	0.878	0.959	23	0.396	0.505
4	0.811	0.917	24	0.388	0.496
5	0.754	0.874	25	0.381	0.487
6	0.707	0.834	26	0.374	0.478
7	0.666	0.798	27	0.367	0.470
8	0.632	0.765	28	0.361	0.463
9	0.602	0.735	29	0.355	0.456
10	0.675	0.708	30	0.349	0.449
11	0.553	0.684	35	0.325	0.418
12	0.532	0.661	40	0.304	0.393
13	0.514	0.641	45	0.288	0.372
14	0.497	0.623	50	0.273	0.354
15	0.482	0.606	60	0.250	0.325
16	0.468	0.590	70	0.232	0.302
17	0.456	0.575	80	0.217	0.283
18	0.444	0.561	90	0.205	0.267
19	0.433	0.549	100	0.195	0.254
20	0.423	0.537	200	0.138	0.181

工具四
产品生命周期管理工具

关于产品生命周期理论

产品生命周期理论是美国哈佛大学教授费农1966年在其《产品周期中的国际投资与国际贸易》一文中首次提出的。费农认为：产品生命是指市场上的营销生命，产品生命和人的生命一样，要经历形成、成长、成熟、衰退这样的周期，而这个周期在不同技术水平的国家里，发生的时间和过程是不一样的，其间存在一个较大的差距和时差，正是这一时差，表现为不同国家在技术上的差距，它反映了同一产品在不同国家市场上竞争地位的差异，从而决定了国际贸易和国际投资的变化。为了便于区分，费农把这些国家依次分成创新国（一般为最发达国家）、一般发达国家、发展中国家。

费农还把产品生命周期分为三个阶段，即新产品阶段，成熟产品阶段和标准化产品阶段。费农认为，在新产品阶段，创新国利用其拥有的垄断技术优势，开发新产品，由于产品尚未完全成型，技术上未加完善，加之，竞争者少，市场竞争不激烈，替代产品少，产品附加值高，国内市场就能满足其摄取高额利润的要求等，产品极少出口到其他国家，绝大部分产品都在国内销售。而在成熟产品阶段，由于创新国技术垄断和市场寡占地位的打破，竞争者增加，市场竞争激烈，替代产品增多，产品的附加值不断走低，企业越来越重视产品成本的下降，较低的成本开始处于越来越有利的地位，且创新国和一般发达国家市场开始出现饱和，为降低成本，提高经济效益，抑制国内外竞争者，企业纷纷到发展中国家投资建厂，逐步放弃国内生产。在标准化产品阶段，产品的生产技术、生产规模及产品本身已经完全成熟，这时对生产者技能的要求不高，原来新产品企业的垄断技术优势已经消失，成本、价格因素已经成为决定性的因素，这时发展中国家已经具备明显的成本因素优势，创新国和一般发达国家为进一步降低生产成本，开始大量地在发展中国家投资建厂，再将产品远销至别国和第三国市场。

由介绍得知，产品生命周期理论是作为国际贸易理论分支之一的直接投资理论而存在的，它反映了国际企业从最发达国家到一般发达国家，再到发展中国家的直接投资过程。

【扩展阅读】

华为公司就产品生命周期致客户的一封信

尊敬的客户：

产品的更新换代是电信行业的普遍规律。在科技飞速发展，新产品不断涌现的同时，在网设备的部件会逐步老化，功能逐渐不能满足用户不断丰富的沟通需求，在节能环保、网络安全性、可维护性、OPEX等方面也将面临越来越多的挑战，老产品会逐步被新产品所替代。对产品进行生命周期管理，有节奏地引入华为新产品，更加有利于您吸引客户，增强您的市场竞争力。

华为一直按照行业惯例进行着生命周期管理，已经建立了生命周期管理体系，明确了产品生命周期策略及产品终止策略。为了更好地帮助您理解华为生命周期策略及产品终止策略，提高您对产品未来演进的可预见性，并提早做好业务准备，我们郑重地给您致信，希望和您达成共识。

华为产品生命周期关键里程碑：

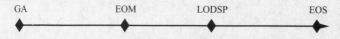

里程碑	全称	定义
GA	general availability	指产品包可以大批量交付给华为客户的时间
EOM	end of marketing	产品停止接受新建和扩容订单
LODSP	last order date of spare parts	备件最后购买日。在备件最后购买日后，正常维护用备件可以通过购买服务产品获取
EOS	end of service & support	华为公司停止此产品服务和支持

华为软件版本生命周期关键里程碑：

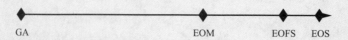

里程碑	全称	定义
EOM	end of marketing	华为公司停止接受软件版本的新建和扩容订单
EOFS	end of full support	华为公司停止为软件版本开发新补丁
EOS	end of service & support	华为公司停止对软件版本提供服务

基于以上规则，我们会规划每一个产品和软件版本的生命周期计划。这些计划会在路标交流的时候向您传达，并且在产品和软件版本的生命周期关键里程碑点到来之前的至少6个月通过公司网站、邮件、电话等方式通知您。

更重要的是，我们希望您也一起参与到生命周期管理活动中来。您可以在路标交流时反馈对产品和版本生命周期的期望。同时我们也愿意在停止销售或服务之前，帮助您一起评估网络运行风险并商讨解决方案。希望通过有效的沟通我们能一起把握好网络和产品的节奏，享受遵从这一自然规律而实现的最大化社会价值。

关于产品生命周期管理的任何问题和意见请及时告诉您的销售代表或服务代表。

资料来源：华为官方网站。

第一节　产品生命周期含义及实质

时间待人是同等的，而时间在每个人手里的价值却不同。

——佚名

【知识要点】

1.理解产品生命周期的含义。

2.了解产品生命周期对企业产品管理的重要性。

3.熟悉产品生命周期图的画法及含义。

【技能要点】

1.能说出产品生命周期对企业的重要性。

2.能正确绘制一般产品生命周期示意图。

1.通过产品生命周期实质的学习，培养学生全局意识。

2.通过产品生命周期示意图的学习，培养学生的动手习惯。

传呼机兴衰史：通讯产品的生命周期演变

传呼机在市场上曾有众多称谓，传呼机、寻呼机、BP机和BB机，这些名称或来自官方，或来自形象的描述。传呼机可以看成是硬件即时通信的鼻祖之一，在移动通信并不发达的年代，利用寻呼台作为交换媒介，人们可以将重要的信息快速传递到配有传呼机设备的用户手中。

1948年，世界上第一台传呼机Bell Boy问世。随着通信技术的变迁，到20世纪70年代，传呼机通信业务开始在全球范围内流行、蔓延。

传呼机的发展先后经历了模拟机、数字机阶段。在众多类型的传呼机中，模拟机的呼叫方式相对低端，接收者要查看呼叫信息需要回拨到寻呼台查询。到了数字机阶段，传呼机开始支持显示电话号码和英文信息了。当时，很多用户习惯性地在传呼机背后贴上传呼代码，尝试自助解码工作，提高传呼机的使用效率，有很多人可能对传呼代码都倒背如流了。

1983年，中国内地市场第一家寻呼台落户上海，标志着传呼机正式进入中国消费电子市场。20世纪80年代，通信行业远没有当今这样发达，人们对即时通信的渴望和依赖尤为突出，而传呼机又配备了突出的即时通讯能力，因此瞬间被推向时代的前沿。和"大哥大"一样，腰间别一台传呼机，一度被当作身份的象征。

进入20世纪90年代后，传呼机在中国市场经过了近10年的发展，固定的用户群开始培养起来，与之相关的寻呼台和增值服务也遍地开花。在市场机制的刺激下，部分寻呼台开始通过价格战和增值服务的方式吸收用户。到20世纪90年代末，传呼机市场规模达到顶峰。据资料统计，1998年，全国传呼机用户突破6546万，名列世界第一。然而物极必反，盛极一时的传呼机业务从这一年开始走下坡路，并且迅速在几年之内从市场上销声匿迹，仅偏居在特殊行业如医院和酒店。

手机的兴起成为绞杀传呼业务的屠刀。1973年4月，世界上第一台由摩托罗拉推出的手机诞生。1987年，第一款摩托罗拉3200进入中国市场。不过那时的手机无论是便携性还是价格，和传呼机均无法相提并论，一直被传呼机压制而处于竞争的下风。但是随着整体工业设计水平的提高和市场竞争的激烈，手机因为通讯便捷、携带方便、价格有优势，而在与传呼机的竞争中胜出。

1995年下半年开始，传呼业务在手机强大的攻势下，逐渐败下阵来，传呼用户不再增加。1996年开始出现下滑，用户减少，传呼台数量也急剧下降。据统计，到2002年底，曾经作为中国传呼机最大市场的沿海城市深圳，专业寻呼台仅剩21家，用户不足40万。同年，天津市有90%的寻呼台都退出了市场。到2005年，远望寻呼的一名负责人满眼悲情地对来访记者讲述，"7月份卖了13台寻呼机，10月份4台，11月份5台……放在寻呼热的那几年，一天卖出的数量都是这个数的十几倍。"同样还是这一年，赴北京市通信管理局年检的企业只剩下了为数不多的几家，而在前几年，这里还门庭若市。再到2007年，信息产业部发表公示称，中国联通（微博）公司已经申请停止经营北京等地的198/199、126/127、128/129无线寻呼服务，彻底退出传呼市场。而中国的部分偏远地区也于这一年悉数关闭寻呼业务。至此，传呼机在中国市场的常态化运营最终落下帷幕。

请根据以上文字内容，思考产品生命周期的实质和对企业意味着什么？

一、产品生命周期的含义

产品生命周期（product life cycle）是指产品从投入开发到投入生产、投放市场开始，经过成长、发展、成熟到衰退，被另一种新产品所淘汰为止的整个过程。

注意：在运用产品生命周期时，应该区分不同等级产品的生命周期。根据产品定义的范围不同，可分为产品种类、产品类型、产品类别和品牌产品四种不同的等级层次。

● 产品种类是同人类的需求联系在一起的产品大类，具有最长的生命周期。例如，交通工具这类产品是满足人们移动的需要，古已有之，现在及将来仍将需要。

● 产品类型是同行业联系在一起的具体产品类，生命周期现象明显，其生命曲线也最标准。如电视机类产品的生命周期，目前已处于成熟前期。

● 产品类别是通过不断改进或换代而出现的不同产品项目，这是研究产品生命周期最主要的产品选择。

● 品牌产品与不同企业的引进时间、技术水平有关，其生命周期受市场环境、企业的营销策略及品牌知名度的影响，一般没有规则的生命周期曲线。

【案例】

一个产品种类、产品形式和品牌的生命周期

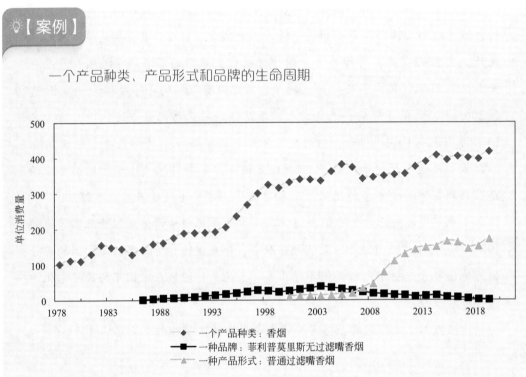

从上图分析可得：

● 产品种类具有最长的生命周期，许多产品种类的销售在成熟阶段是无限期的；

● 产品形式比产品种类更能准确地体现标准产品生命周期的历史；

● 品牌产品显示了最短的产品生命周期历史。

二、产品生命周期的实质

产品生命周期是产品在市场上运行的一个客观规律，它实质上反映的是产品的经济寿命，或叫产品的市场寿命。

它一方面反映了市场上对某种产品的需求状况，即市场对该产品存在需求，就促使生产厂家从事该产品的开发、生产和营销，并将其投放市场，随着市场需求的增长而成长和发展，随着需求的饱和而成熟，随着需求下降而逐步衰退。

另一方面反映了生产厂家的产品在市场上的销售状况，即随着市场需求的增长而畅销，随着需求饱和而平销，也随着需求下降而滞销，造成亏损，企业逐步减产直至停产，从而结束其生命周期。

三、产品生命周期通用图示模型

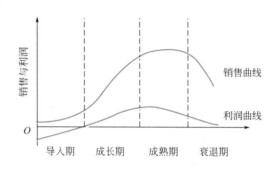

第二节　产品生命周期阶段划分及特点

> 宇宙的开端仿佛是深吸一口气，然后屏住了呼吸。没人知道为什么，然而不管原因如何，我很高兴宇宙以这样的形式诞生，因为我的存在也要归因于此。我所有的欲望和沉思正是我们的宇宙缓缓呼出的气流。在这漫长的呼气结束之前，我的思维将一直存在。
>
> ——特德·姜《软件体的生命周期》

■【知识要点】

1.理解产品生命周期的划分标准。

2.了解产品生命周期阶段。

3.熟悉产品生命周期各阶段的特点。

【技能要点】

1. 能按不同划分标准划分产品生命周期阶段。
2. 能正确绘制产品生命周期图表。

【素质任务】

1. 通过产品生命周期划分标准的学习，培养学生灵活机动意识。
2. 通过产品生命周期各阶段特点的学习，培养学生的逻辑思维能力。

典型工业自动化产品——伺服产品所处的生命周期

伺服系统是一种运动控制部件，是装备自动化和精细制造的必备核心部件，主要包括交流伺服和电液伺服，都属于电气伺服范畴。下游应用广泛，包括机器人、数控机床、电子制造等有精确定位需求的高端装备制造行业。精益装备需对位移、速度、力矩等运动要素进行精密控制，这些都需要高精度伺服来实现。

从工业自动化产品所处的生命周期来看，伺服系统处于快速发展的成长期。近年来，下游新兴产业3c电子、新能源汽车、机器人等的爆发，给伺服系统带来持续增量增长。

目前国内伺服系统市场规模在160亿元左右，近年来增速保持在20%左右。未来景气度仍将延续，年均增速将保持在15%以上。

国内伺服系统市场规模变化情况

请根据以上文字和图片，思考不同产品生命周期意味着什么？

一、产品生命周期阶段划分

1.按广义和狭义划分

（1）广义的产品生命周期。指产品从开发、生产、销售直至产品退出市场为止的过程。它包括七个阶段，即产品设想期、产品设计期、产品试制期、产品投入期、产品成长期、产品成熟期、产品衰退期。

前三个阶段为产品开发周期。主要任务是尽快拿出市场所需的产品，开发得越快越好，即开发周期越短越好，以快制胜。

后四个阶段为产品市场运行周期。主要任务是使产品畅销的时间越长越好，为企业盈利多做贡献。

（2）狭义的产品生命周期。狭义的产品生命周期主要是指后四个阶段，即投入期、成长期、成熟期和衰退期。本课程主要学习狭义的产品生命周期。

2.按销售增长率划分

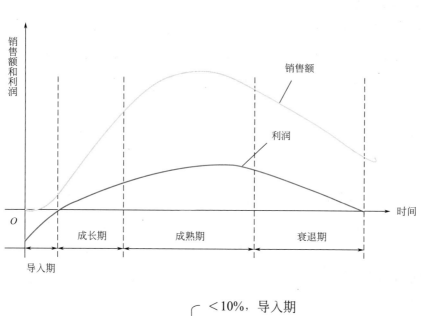

$$
销售增长率法
\begin{cases}
<10\%，导入期 \\
>10\%，成长期 \\
0.1\%\sim10\%，成熟期 \\
<0，衰退期
\end{cases}
$$

中国几大行业目前的生命周期状况

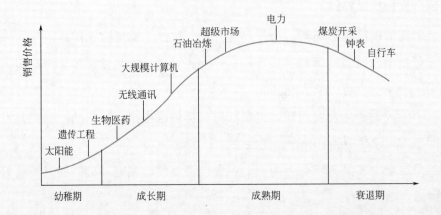

（1）太阳能、某些遗传工程等行业正处于行业生命周期的幼稚期。如果计划在这些行业进行投资，存在获得很高收益的可能。

（2）电子信息（电子计算机及软件、通讯）、生物医药等行业处于行业生命周期的成长期。由此便可初步判断生物医药等行业将会以很快的速度增长。

（3）石油冶炼、超级市场和电力等行业已进入成熟期阶段。成熟期的行业通常是盈利的，而且盈利水平比较稳定，投资的风险相对较小。

（4）煤炭开采、自行车、钟表等行业已进入衰退期。如果是长期投资，这种投资可能存在较大的不安全性。

作为前手机王者，诺基亚连续15年称霸全球，曾经历过从"爆款"到"衰退"的整个历程。

一、诺基亚的导入期

鉴于中国的电子通讯技术起步较晚，诺基亚并未首先占领中国市场。随着中国经济的发展，诺基亚发现中国的手机市场潜力巨大，1985年，诺基亚在北京开设了第一家办事处。在华发展期间，诺基亚建立并秉承"携手通行、开创未来"的宗旨。诺基亚通过在中国建立合资企业，实现本地化生产，并逐步将其发展成为诺基亚全球主要的生产基地。1991年首次全球通话开始，诺基亚成为全球通技术的主要开发商。此后，在摩托罗拉于1993年抢先进入中国手机市场后，诺基亚便很快跟进。

二、诺基亚的成长期

在CEO约玛·奥利拉的带领下，诺基亚发动并引领了一场移动通信的革命，这家来自"北欧小国"的芬兰公司，开始走出欧洲，走向世界舞台。2004年诺基亚成功超越摩托罗拉成为全球第一大手机厂商。在拥有了大量消费群体的同时，诺基亚牢牢把控了塞班（Symbian）系统S60平台，并且迅速成为产品线，最终让S60平台成为Symbian系统的头牌。2007年在中国，消费者对摩托罗拉还停留在刀锋V3上，诺基亚6600、7610、n73、5700、E53等一系列产品已经成为中国消费者耳熟能详的产品。这充分证明了此时的诺基亚正处于成长期。

三、诺基亚的成熟期

作为曾经手机领域的"霸主"，诺基亚的巅峰时期很难用三言两语说出来。比如"自1996年以来，诺基亚连续15年占据手机市场份额第一""1998年诺基亚成为全球最大的手机制造商""巅峰时期，每天有13亿人通过它通话""最好成绩是每秒卖出14部手机"……据统计，诺基亚2007年第四季度占领全球市场的40.4%，位居第一。其对手摩托罗拉则以11.9%萎缩至第三。这表明2007年诺基亚已经达到巅峰。即诺基亚进入产品生命周期的成熟期。

四、诺基亚的衰退期

2007年苹果公司推出智能手机iPhone，2008年谷歌发布智能手机操作系统Android，在功能手机向智能手机转型的时候，诺基亚却因过于追求"高效率和成本控制"，相信塞班操作系统，被苹果和三星双双超越。2010年，在全球品牌排行中，诺基亚仅排到了43位。2011年第二季度全球手机市场份额第一、第二位已被苹果、三星所取代，诺基亚连续占有15年第一的全球手机市场份额开始急速下降，诺基亚进入衰退期。2013年9月3日，微软宣布将以37.9亿欧元收购诺基亚旗下手机业务，这宣示诺基亚走下神坛，逐步消失在人们视野中。

二、特殊的产品生命周期类型

特殊的产品生命周期包括风格型产品生命周期、时尚型产品生命周期、成熟稳定型产品生命周期、扇贝形产品生命周期四种特殊的类型，它们的产品生命周期曲线并非通常的S型。

（1）风格型：是一种在人类生活中基本但特点突出的表现方式。风格一旦产生，可能会延续数代，根据人们对它的兴趣而呈现出一种循环再循环的模式，时而流行，时而又可能不流行。比如食品、化妆品、药品、家庭用洗剂品等大多呈循环型。该产品到了成熟期后就会大量增加促销投资，以阻止它进入衰退期，使其发生再次循环。

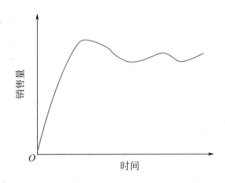

（2）时尚型：是指在某一领域里，目前为大家所接受且欢迎的风格。时尚型的产品生命周期特点是，刚上市时很少有人接纳（称之为独特阶段），但接纳人数随着时间慢慢增长（模仿阶段），终于被广泛接受（大量流行阶段），最后缓慢衰退（衰退阶段），消费者开始将注意力转向另一种更吸引他们的时尚型产品。

一般时尚类的产品迅速扩张，又迅速衰退。如曾经流行的"呼啦圈""红茶菌"等。

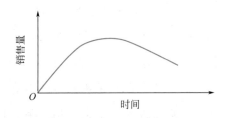

（3）稳定成熟型：进入成熟期后，长期保持一种平稳状态，并呈现缓慢增长趋势。比如家里的固定电话，贝尔在1876年发明到今天一直在使用。

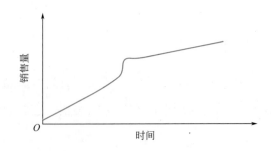

（4）扇贝型：主要指产品生命周期不断地延伸再延伸，这往往是因为产品创新或不时发现新的用途。比如尼龙的产品生命周期呈扇型，因为它总是能挖掘出新的产品——服装、地毯、装饰品等，推陈出新，使产品脱离成熟期（刚进入成熟期就马上开发新产品）。

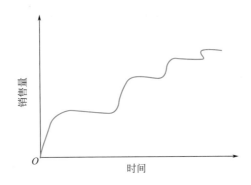

三、产品生命周期各阶段特点

1.第一阶段：介绍（导入）期

介绍期是指产品从设计到投入市场阶段。这一阶段产品品种少；顾客对产品还不了解；除少数追求新奇的顾客外，几乎无人实际购买该产品；产品不成熟，尚有一些缺陷；单位产品成本高，售价高；几乎没有竞争者；销售渠道几乎没有建立；分销和促销费用高，企业亏损或利润很低……

2.第二阶段：成长期

产品通过试销效果良好，购买者逐渐接受该产品，产品在市场上站住脚并且打开了销路。这一阶段需求量和销售额迅速上升；生产成本大幅度下降；利润迅速增长，总体基本持平或略有盈利；竞争者看到有利可图，纷纷进入市场参与竞争；价格保持一定的高位；已建立起较稳定的分销渠道，并继续扩大……

3.第三阶段：成熟期

成熟期是指产品走入大批量生产并稳定地进入市场销售。这一阶段产品销售增长缓慢，逐步达到最高峰，然后缓慢下降；成本低；供＞求；竞争加剧；导致同类产品生产企业之间不得不加大在产品质量、花色、规格、包装服务等方面的投入，在一定程度上增加了成本；售价低，销售利润开始缓慢下降，但企业仍处于盈利状态；销售渠道全面铺开……

4.第四阶段：衰退期

衰退期是指产品进入了淘汰阶段。该阶段产品销量由成熟期的缓慢下降变为迅速下降；销售利润大幅度下降，降到微利甚至负利；市场上已经有其他性能更好、价格更低的替代品出现；经过成熟期的激烈竞争，价格已下降到最低水平，成本高，开始亏本；消费者的兴趣和消费习惯完全发生转变或持币待购……

产品生命周期各阶段特点比较

	导入期	成长期	成熟期	衰退期
销量	低	剧增	最大	降
生产量	小	扩大	大	萎缩
成本	高	一般	低	一般
利润	亏损	提升	最大	减少
消费者	创新者	早期使用者	早晚期大众	落后使用者
竞争者	很少	增多	稳中有降	减少
营销目标	建立知名度，鼓励试用	最大限度地占有市场	保护市场，争取最大利润	压缩开支，回收资金

第三节　产品生命周期各阶段的策略

每一种情况都有适合于它的一个特殊的战略。

——安德烈·博弗尔

【知识要点】

1.理解各阶段策略类型。

2.了解各阶段策略适用条件。

【技能要点】

1.能根据各阶段特点制订策略。

2.能根据环境变化动态调整策略。

1.通过产品生命周期各阶段策略的学习，培养学生分析能力、决策能力。

2.通过产品生命周期各阶段策略的学习，提高学生灵活、果断的心理素质。

当代营销活动中营销策略对企业的生存和发展起着非常重要的作用。苹果公司iPhone手机近年来在手机市场上取得的巨大成功，就与苹果公司基于产品生命周期理论制订的营销策略息息相关。

iPhone产品在形成期主要采用功能创新策略；成长期主要采用品牌营销策略和饥饿营销策略；成熟期主要采用价格营销策略和体验营销策略；以及衰退期对产品生命周期理论的创新应用。

当竞争者的产品接近iPhone质量、手机产品处于成熟期之前，苹果公司每年又推出新一代产品，不断延长iPhone的生命周期。

第一代：初代iPhone 2007年1月9日；

第二代：iPhone 3G 2008年7月11日；

第三代：iPhone 3GS 2009年6月19日；

第四代：iPhone 4 2010年6月8日；

第五代：iPhone 4s 2011年10月4日；

第六代：iPhone 5 2012年9月；

第七代：iPhone 5S 2013年9月20日；

第八代：iPhone 6 / 6 Plus 2014年9月10日；

第九代：iPhone 6s / 6s Plus 2015年9月10日；

第十代：iPhone 7 / 7 Plus 2016年9月8日；

第十一代：iPhone 8 / 8 Plus 2017年9月13日；

第十二代：iPhone X 2017年9月13日；

第十三代：iPhone Xr / Xs / Xs max 2018年9月13日；

第十四代：iPhone 11 / 11 Pro / Pro Max 2019年9月11日。

iPhone手机能够持续多年居于市场领导者地位，与苹果公司在产品生命周期各阶段采取的战略（策略）是分不开的。

一、导入期战略

1.可供选择的战略方案

导入期的产品是刚投放市场的新产品，总的来说，是实施"以新取胜"的战略。但根据企业新产品的状况不同，还有以下可供选择的战略方案。

（1）"以新领先"的战略。如果企业开发的新产品水平很高，或达到国际先进水平，或达到国内先进水平，都可以凭借这一优势，在国际或国内抢占制高点，领导产品新潮流，以新取胜。

（2）"新品完善"战略。新产品刚投入生产，投放市场，顾客在使用过程中总会发现新品有这样或那样的缺陷，因而提出种种意见。企业应根据顾客的反应，认真研究，采取措施加以改进和完善，使之更符合顾客的需要，达到顾客满意的程度。

（3）新品形象战略。新产品要突出其"新"，从产品的造型、色彩、包装设计上给人以新颖的感觉，同时通过广告宣传，传递新品独特功能的信息，吸引顾客，促使消费者购买，并使其用后满意，从而树立起产品在顾客心目中良好的形象。

2.市场营销的重点

（1）不是取得多少利润，而是大力促销：① 告诉潜在消费者新的和他们所不知道的产品，并增进对其产品的了解；② 引导他们试用其产品；③ 获得中间商分销其产品。

（2）产品推广和销售的重点对象应是目标市场中的那些率先购买者和早期购买者，这些人一般具有超前意识、革新精神，并且他们愿意最早接受新事物、收入比较高。

3.市场营销策略

在推出一种新产品时，市场营销管理者应做好整合营销策划，包括对产品及其质量、包装以及价格、渠道、促销等进行决策。

价格	促销费用	
	高	低
高	快速掠取战略	缓慢掠取战略
低	快速渗透战略	缓慢渗透战略

（1）快速掠取策略。即双高策略，也就是以高价格、高促销费用推出新产品。成功实施这一策略，不仅可以使企业在短期内获得较高利润，而且可以迅速占领市场。

采用这种策略，需要具备以下条件：

① 市场上有较大的需求潜力；

② 目标顾客求新心理强；

③ 企业面临潜在的竞争者，需要尽快树立名牌形象；

④ 一般都是高科技产品。

（2）缓慢掠取策略。高价格、低促销费用推出新产品。这一策略适宜企业不怕竞争对手，不担心短期内被人侵占市场。

采用这种策略，需要具备以下相应的条件：

① 市场竞争威胁不大；

② 市场上大多数用户对该产品非常信任；

③ 企业的自信心很足。

（3）快速渗透策略。就是以低价格、高促销费用将产品推向市场。采取这种策略，目的是在导入期以最快的速度提高市场占有率，以便在以后的时期获得较多的利润。

采用这种策略，需要具备以下相应的条件：

① 该产品市场容量很大；

② 潜在顾客对该产品不了解，且对价格十分敏感；

③ 市场的潜在竞争较为激烈；

④ 产品的单位生产成本会随生产规模和销量的扩大而迅速下降。

（4）缓慢渗透策略。即双低策略，也就是以低价格、低促销费用推出新产品。实施这一策略的企业，一般资金不多，产品属于质量好的日常用品。

采用这种策略，需要具备以下相应的条件：

① 市场容量较大；

② 潜在顾客对该产品了解，并且对价格十分敏感；

③ 市场的潜在竞争较为激烈。

二、成长期战略

1.可供选择的战略方案

产品通过导入期进入成长期，但仍属于新产品，总的来说，还应坚持"以新取胜"的战略。根据成长期新品的特点，有以下具体的战略方案可供选择。

（1）新品生产扩大化战略。通过导入期阶段的广告宣传，顾客购买使用后反映良好，新品的需求量扩大，相应要求新品的生产规模扩大，追加投资，增添专用的高效生产设备，提高生产能力，以扩大企业产品的生产量，适应日益增长的市场需求。

（2）新品名牌战略。即在提高新产品质量的基础上，提高新产品的市场覆盖率，扩大新产品的知名度和美誉度，使之逐步由地区名牌产品发展成全国名牌产品，再进一步争取成为国际名牌产品。在产品成长期进行创名牌的活动是十分关键的，把握好了，就有利于促进企业健康成长，使之充满活力。

2.市场营销的重点

（1）大力组织生产；

（2）继续致力于扩大市场；

（3）提高市场占有率；

（4）尽可能地延长产品的成长阶段。

3.市场营销的策略

（1）改善产品品质。努力增加产品的款式、型号和功能，以提高产品的竞争能力。

（2）改变促销的重点。广告宣传促销的重心要从介绍产品、提高产品知名度转移到树立产品形象上来，使消费者建立起品牌偏好。

（3）巩固和发展分销渠道。在巩固现有渠道的基础上，增加新的分销渠道，开拓新的市场。

（4）调整价格。选择适当的时机，适当地降低价格，以激发那些对价格较敏感的消费者产生购买欲望，并采取购买行为。

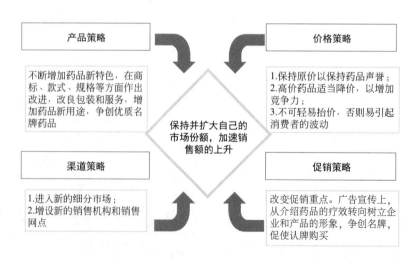

三、成熟期战略

1.可供选择的战略方案

进入成熟期的产品，一般已是生产和销售多年的老产品，并且已成为企业的主导产品，销售增长速度趋缓。根据这一特点，有以下具体战略方案可供选择：

（1）改进或改革产品战略。老产品相对于已经出现的新产品而言，在某些方面已经落后。因此，需要吸收新产品的长处或按照顾客新的需求进行改进、改善或改革，增加新的功能，改善产品的性能，提高质量，扩大用途，从而开辟新的市场，以延长老产品的生命周期，为企业提供更多的利润。

（2）优质低价战略。产品进入成熟期，生产厂家也多，竞争激烈。竞争的焦点已转向产品质量和价格。谁家产品质优价廉，就能以优取胜或以廉取胜。因此，企业应在提高质量和降低成本上下功夫。成熟期的产品是企业的主导产品，一般也是大批量生产，为企业实施质优价廉的产品战略创造了良好的条件。

（3）产品差异化战略。针对成熟期阶段竞争对手多、竞争激烈的特点，努力改变企业产品单一化的状况，开发新产品或改进老产品，发展品种，使企业的产品有其特色，并与对手的产品相区别，能够满足老顾客的新需求，能以新的产品、新的品种和优异的服务，争取新的顾客，从而赢得产品和市场的优势。

2.市场营销的重点

（1）延长产品生命周期（加长成熟期寿命）；

（2）巩固市场占有率，以维持大的销售量，获得尽量多的利润（保证不要下滑）。

3.市场营销的策略

（1）市场改良，即发现产品的新用途或改变促销方式等来开发新市场，寻找新用户，以使产品销量得以扩大。

（2）产品改良，即以产品自身的改变来满足顾客的不同需求，从而吸引他们购买其产品。

（3）其他市场营销组合因素改良，改变价格、渠道和促销方式等。例如，以购买折扣、运费补贴、付款延期等方法来降价让利，"多管"齐下，渗透市场，扩大影响，争取更多的顾客。

5万元的建议

美国有一家生产牙膏的公司，产品优良，包装精美，深受广大消费者的喜爱，每年营业额蒸蒸日上。记录显示，前十年每年的营业额增长率为10%～20%，令董事会雀跃万分。不过，业绩进入第十一年、第十二年、第十三年时，销售停滞不前，每个月维持同样的数字。董事会对此三年的业绩表现感到不满，便召开全厂经理级高层会议，以商讨对策。会议中，有位年轻的经理站起来，对董事会说："我手中有张纸，纸里有个建议，若您要使用我的建议，必须另付我5万元！"总裁听了很生气说："我每个月都支付你薪水，另有分红、奖励，现在叫你来开会讨论，你还要另外要求5万元，是否过分？""总裁先生，请别误会。若我的建议行不通，您可以将它丢弃，一分钱也不必付。"年轻的经理解释说。"好！"总裁接过那张纸后，阅毕，马上签了一张5万元的支票给那位年轻的经理。

那张纸上只写的一句话，将现有牙膏开口扩大一毫米。总裁马上下令更换新的包装。试想，每天早上，每个消费者多用1毫米的牙膏，每天牙膏的消费量将多出多少倍呢？这个决定，使该公司第十四年的营业额增加了32%。

四、衰退期战略

1.可供选择的战略方案

进入衰退期的产品，已经是落后产品，销售呈现为多年连续下降趋势。针对这一特点，适宜选择的具体战略方案有：

（1）集中战略。即通过选择最有希望的流通渠道，集中投入资源，把所生产的产品集中投放到最有希望的某个或某几个目标市场上，并从其他没有希望取胜的市场上撤退，撤出所投入的资源，努力在重点市场上站稳脚跟。

（2）收缩战略。预测到产品在今后一定时期内销售量将呈下降趋势，以至于无人购买后，则应果断采取削减各项费用、不再追加投入等措施，使已经投入的资源，尽可能取得效益，并迅速收回投资，减少损失。

（3）减产、淘汰战略。当产品多年销量呈下降趋势，顾客的需求也逐步下降并转向功能更好的新产品时，企业则应采取逐步减产、最后停产的措施，对其落后产品果断淘汰，彻底退出该产品的市场，避免给企业带来更大的亏损。

2.市场营销的重点

（1）及时止损；

（2）转向；

（3）区域化、国际化思维，延长产品寿命。

3.市场营销的策略

（1）继续策略，即仍按照现在的细分市场，使用相同的价格、渠道和促销方式，直到其产品完全退出市场（自然死亡）；

（2）集中策略，即把资源集中使用在销售最佳的产品品种、最有利的细分市场、最有效的分销渠道和最适合的促销方式上，以其优势赢得尽可能多的利润（不想死亡）；

（3）收缩策略，即大幅度降低促销水平，尽量减少市场营销费用，以增加目前的利润（延缓死亡）；

（4）放弃策略，即当机立断放弃那些迅速衰落的产品。既可采取完全放弃的形式，也可采取逐步放弃的形式（主动死亡）。

产品生命周期各阶段特征与策略汇总如下：

	阶段	导入期	成长期	成熟期	衰退期
特征	销售额	低	快速增长	缓慢增长	衰退
	利润	易变动	顶峰	下降	低或无
	现金流量	负数	适度	高	低
	顾客	创新使用者	大多数人	大多数人	落后者
	竞争者	稀少	渐多	最多	渐少
策略	策略重心	扩张市场	渗透市场	保持市场占有率	提高生产率
	营销支出	高	高（但百分比下降）下降	下降	低
	营销重点	产品知晓	品牌偏好	品牌忠诚度	选择性
	营销目的	提高产品知名度及产品试用量	追求最大市场占有率	追求最大利润及保持市场占有率	减少支出及增加利润回收
	分销方式	选择性地分销	密集式	更加密集式	排除不合适、效率差的渠道
	价格	成本加成法策略	渗透性价格策略	竞争性价格策略	削价策略
	产品	基本型为主	改进产品，增加产品种类及服务保证	差异化，多样化的产品及品牌	剔除弱势产品项目
	广告	争取早期使用者，建立产品知名度	大量营销	建立品牌差异及利益	维持品牌忠诚度
	销售追踪	大量促销及产品试用	利用消费者需求增加	鼓励改变采用公司品牌	将支出降至最低

五、产品生命周期管理运用中要注意的问题

1.产品生命周期区域差异性

同一产品在不同地区，其生命周期处于不同阶段。如发达国家和发展中国家，大城市和农村等。在实际运用中必须考虑地区因素。

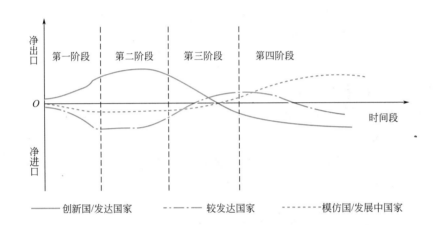

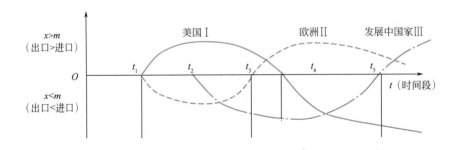

思考题：

1.目前智能手机在中国已经进入成熟期，请问非洲用什么手机？中国以前使用的非智能机（衰退期、甚至已经退出市场）在非洲目前处于生命周期的哪个阶段？有市场机会吗？

2.在中国，飞人牌（国家著名商标）脚踏式缝纫机40年前处于成熟期，30年前已退出市场，被电动缝纫机所取代。你知道飞人牌脚踏式缝纫机现在是否还在生产？主要销往哪些市场？目前在销售地市场处于哪个生命周期阶段？

2.不同企业和市场环境下，产品生命周期管理有不同的模式

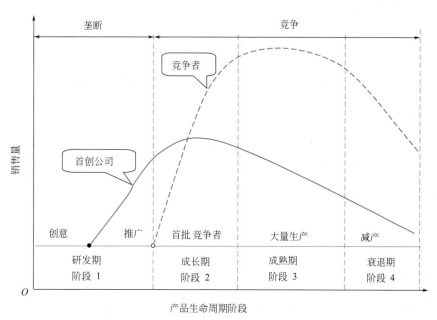

产品生命周期理论的启示

没有永远的"蜜月"，只有磕磕绊绊的岁月！产品的生命应该掌握在营销者自己的手中。时间上，从今天看明天；产品上，不断整合创新；策略上，明确所处阶段，调整营销组合；管理上，认可规律，挑战自我。只有如此，企业的产品才能永葆青春，永远靓丽！

同步项目训练

1.项目目标

通过项目训练，掌握产品生命周期管理工具的基本理论，能运用所学的工具对现实企业产品进行产品生命周期分析，发现问题并提出解决方案。

2.项目要求

独立完成，可阅读参考文献辅助理解，鼓励提出自己独到的见解。

一、单项选择题

1.以低价格和高促销费用推出新产品，以迅速扩大销售量，取得较高的市场占有率，这种策略叫作（　　）。

A.快速掠取　　　　B.缓慢掠取　　　　C.快速渗透　　　　D.缓慢渗透

2.新产品上市后，销售量迅速增长，利润也显著上升，这时期属于产品生命周期的（　　）阶段。

A.开发期　　　　B.介绍期　　　　C.成长期　　　　D.成熟期

3.面对处于衰退期的产品，企业把资源集中在最有利的细分市场和销售渠道上，从中获取利润。这种策略属于（　　）。

A.转移策略　　　B.集中策略　　　C.缩减策略　　　D.放弃策略

4.快速掠取决策的特点是（　　）

A.采取高价格、高促销费用　　　　B.采取高价格、低促销费用

C.采取低价格、高促销费用　　　　D.采取低价格、低促销费用

5.产品的生命周期由（　　）的生命周期决定。

A.企业与市场　　　B.需求与技术　　　C.质量与价格　　　D.促销与服务

6.产品生命周期理论的提出者是（　　）。

A.海默　　　　B.费农　　　　C.亚当·斯密　　　　D.弗里德曼

7.以下关于产品生命周期的描述，正确的是（　　）。

A.产品生命周期主要是指产品品种的市场寿命周期

B.产品生命周期是指产品的使用寿命周期

C.多数产品的生命周期都可以用理想生命周期曲线表示出来

D.产品生命周期相当于商品在流通领域内停留的时间

8.波特认为，"预测产业演变过程的鼻祖是我们熟知的产品生命周期"。甲、乙、丙、丁四人对产品生命周期分别有各自的看法，下列关于产品生命周期说法错误的是（　　）。

A.甲说："产品生命周期的四个阶段是以产业销售额增长率曲线的拐点划分的"

B.乙说："不同产业产品生命周期各阶段持续的时间非常不同"

C.丙说："产业中的每个企业都会经过导入期、成长期、成熟期和衰退期四个阶段"

D.丁说："公司可以通过产品创新和产品的重新定位，来影响增长曲线的形状"

9.关于产品生命周期各阶段叙述错误的是（　　）。

A.在产品开发期间该产品销售额为零，公司投资不断增加

B.在引进期，销售持续增长，利润显著增加

C.在成熟期利润达到顶点后逐渐走下坡路

D.在衰退期间产品销售量显著衰退，利润也大幅度滑落

10.当定位生产的产品处于生命周期的成长阶段，市场已经打开，顾客需求日益增长，企业准备扩大产品的生产能力，此时应采取的战略是（　　）。

A.积极的投资战略方案　　　　　　　B.追加投资战略方案

C.不投资和适当投资的战略方案　　　D.负投资战略方案

11.导入期的产品是投放市场的新产品，对这种新产品所实施的战略总的来说应是（　　）。

A."以快取胜"战略　　　　　　　　B."以新取胜"战略

C."以奇取胜"战略　　　　　　　　D."以高取胜"战略

12.成熟期的产品，销售增长率一般是（　　）。

A.1%以下　　　　　B.10%以上　　　　C.1%～2%　　　　D.0.1%～10%

13.根据产品生命周期原理，从产品在市场上销售增长和获利能力的变化上，确定产品所处的生命周期，对其战略进行选择的方法是（　　）。

A.产品生命周期评价法　　　　　　　B.四象限评价法

C.产品系列平衡评价法　　　　　　　D.产品获利能力评价法

二、多项选择题

1.典型的产品生命周期阶段主要包括（　　）

A.导入期　　　　　　B.成长期　　　　　　C.淘汰期

D.成熟期　　　　　　E.衰退期

2.成熟期的市场营销决策有（　　）

A.市场改良　　　　　B.产品改良　　　　　C.市场营销组合改良

D.放弃决策　　　　　E.集中决策

3.对于产品生命周期衰退阶段的产品，可供选择的营销策略是（　　）

A.集中策略　　　　　B.扩张策略　　　　　C.维持策略

D.减产策略　　　　　E.转移策略

4.成长期的产品战略包括（　　）。

A."以新领先"的战略   B.新品形象战略

C."新品完善"战略   D.新品名牌战略

E.新品生产扩大化战略

三、论述题

1.论述产品生命周期各个阶段的特点。

2.产品的生命周期是企业制订产品战略的重要理论依据之一，试论述不同生命周期阶段的产品战略。

四、案例分析

柯达公司彩色胶卷

伊士曼柯达公司 Eastman Kodak Company，简称柯达公司，是世界上最大的影像产品及相关服务的生产和供应商，总部位于美国纽约州罗切斯特市。柯达公司在影像拍摄、分享、输出和显示领域一直处于世界领先地位，一百多年来帮助人们留住美好回忆、交流重要信息以及享受娱乐时光。

柯达公司由发明家乔治·伊士曼始创于1880年，（开发期）柯达是"信息影像"行业的主要参与者之一。柯达利用先进的胶卷技术、广阔的市场覆盖面和一系列的行业合作伙伴关系来为客户提供不断创新的产品和服务，以满足他们对影像中所蕴含的丰富信息的需求。

2002年，公司全球营业额达128亿美元，其中一半以上来自美国以外的市场。柯达全球员工总数约为七万人，其中三万九千人在美国。

柯达公司在美国、加拿大、墨西哥、巴西、英国、法国、德国、澳大利亚和中国设有生产基地，向全世界几乎每一个国家销售种类众多的影像产品。作为柯达推出的首款彩色胶卷，柯达克罗姆不仅横扫全球市场，更是记录了一个又一个标志性的历史事件。

2004年1月13日，柯达宣布将停止在美国、加拿大和西欧生产传统胶片相机。而且，随着技术的发展，数码相机和手机摄影成为了人们青睐的对象，美国最后一家冲洗和晒印柯达胶卷的店家宣布停止收件，曾经世界最畅销的彩色胶卷即将走进人们的记忆中。

问题1：请区分柯达公司彩色胶卷的生命周期阶段。

问题2：请分析柯达公司彩色胶卷在不同时期采取的战略。

问题3：请分析柯达公司彩色胶卷退出市场的原因及教训。

工具五

产品分析工具之波士顿矩阵分析模型

在赚钱和盈利的同时，对你的业务进行根本的改变。

——本·汤普森

【工具导入】

A集团的困惑

根据A集团2019财年第一季度财报显示，集团的营收构成主要为电子商务、云计算、数字传媒娱乐与创新业务四大部分。其中，对该集团营收增长贡献最大的业务来自主业电子商务部分，营收为人民币691.88亿元，较去年同比增长61%。

A集团的电子商务业务又分为国内零售、国内批发、国际零售、国际批发四部分。其中，国内零售是最主要的收入来源，与此同时，国内与国际商业批发业务已经沦为集团边缘业务，对整体业绩影响甚微。

除去电子商务部分的收入增长之外，云计算营收同比增长93%至46.98亿元；数字传媒和娱乐业务同比增长46%至59.75亿人民币；创新战略和其他业务的营收同比增长64%至10.59亿元。虽然营收增长较为可观，但三个业务分别4.88亿、31.32亿与12.02亿的季度亏损更令人吃惊。

除了云计算4.88亿人民币的季度亏损尚在可控范围外，数字传媒和娱乐、创新战略和其他业务的巨额亏损完全不可控，短时间内很难转亏为盈。这些业务都已经存在多年，但由于战略摇摆不定、组织调整频繁与战略执行不力而迟迟没有进入正轨。

1. 掌握波士顿矩阵的基本概念。

2. 了解四类产品的特征。

📖 【技能要点】

1. 能够进行波士顿矩阵分析。

2. 掌握波士顿矩阵与战略组合的关系。

3. 掌握产品规划分析技能。

4. 培养权变的战略制订技能。

📖 【素质任务】

1. 培养实事求是的科学态度。

2. 培养求异思维、权变思维、组合思维以及前瞻性思维。

3. 培养工作流程式的任务意识。

4. 培养团队协作的能力。

5. 养成良好的职业道德。

如果你不杀掉自己，别人就会杀了你

2007年，当苹果推出iPhone时，iPad的收入占公司近50％的收入。

史蒂夫·乔布斯知道，如果将iPad所有的功能集成到iPhone上，那么这一举动无疑是变相地将iPad置于死地。

然而，他也知道如果公司的战略集中在销售越来越多的iPad上的话，那么iPhone可能永远不会被推出，永无出头之日。

这意味着当一个产品还在顶部，还在给公司带来巨大的现金流时，就要忍痛割爱主动转向，也就是说苹果公司在蚕食掉自己历史上最赚钱的产品。

显然，这是一种自相残杀。

苹果公司不惧怕向自己举起屠刀，因为他们深知即使自己不这样做，早晚别人也会这样做。

请问，你是怎样看待苹果公司"如果你不杀掉自己，别人就会杀了你"的这种观点？

请根据以上案例，思考为什么苹果公司会蚕食自己的高利润产品iPad，为iPhone让道？这是明智还是冒险？

一、波士顿矩阵基本理论

波士顿矩阵（BCG Matrix）由美国著名的管理学家、波士顿咨询公司创始人布鲁斯·亨德森于1970年首创。这是一种分析和规划企业产品组合的方法。布鲁斯认为"公司若要取得成功，就必须拥有增长率和市场份额各不相同的产品组合。组合的构成取决于现金流量的平衡。"如此看来，BCG的实质是为了通过业务的优化组合实现企业的现金流量平衡。

因此，波士顿矩阵表明，企业的目标不是获取最大利润，而是扩大市场份额。经营业绩的唯一可靠保证是市场份额的增长与现金。现金往往比利润更加重要。差异化竞争是获取高额回报的唯一手段。要努力使自己与众不同，寻找独特的生存空间。否则，随着竞争日趋热化，实际回报将接近零甚至为负值。

布鲁斯·亨德森（Bruce Henderson，1915—1992），波士顿咨询公司创始人，波士顿矩阵理论的提出者。26岁时，布鲁斯从哈佛商学院辍学，加盟西屋公司（Westinghouse Corporation），成为该公司历史上最年轻的副总裁之一。

1953年，布鲁斯被艾森豪威尔总统选中，负责评估马歇尔计划下的外国对德援助项目。1959年，布鲁斯离开西屋公司。1963年创立波士顿咨询公司，获得巨大成功。

布鲁斯一直把波士顿定位为企业的智力中心，立志于改变人们对竞争的看法，其创建的公司战略学举世闻名。针对他在国际企业界的巨大贡献，《金融时报》评论道：影响世界是布鲁斯先生毕生的追求。

1.何谓波士顿矩阵？

波士顿矩阵，又称市场增长率-相对市场份额矩阵、波士顿咨询集团法、四象限分析法、产品系列结构管理法等。其目的在于通过产品业务的优化组合实现企业的现金流量平衡；核心在于如何使企业的产品适合市场需求的变化；关键是协助企业分析与评估其现有产品，利用企业现有资金进行产品的有效配置与开发。

2.决定产品结构的两大基本因素

波士顿矩阵认为一般决定产品结构的基本因素有两个：市场引力与企业实力。

（1）市场引力。市场引力，是指市场对企业生产的特定产品的吸引能力，由企业销售增长率、目标市场容量、竞争对手强弱以及利润高低等构成。

其中，销售增长率是反映市场引力最主要的综合指标，决定企业产品结构是否合理的外在因素。其计算公式为：

$$销售增长率 = 本年销售增长额 \div 上年销售额$$
$$= （本年销售额 - 上年销售额）\div 上年销售额$$

具体而言，当市场规模越大，即市场需求量越大时，市场引力越强；当产品获利时间越长、盈利性越高、在国民经济中地位越重要时，对企业的吸引力也越强。

（2）企业实力

企业实力，是指企业满足市场要求的能力，由企业的市场占有率、生产能力、技术能力、销售能力、产品更新能力、管理能力、资金利用能力以及市场信誉等构成。

其中市场占有率是反映企业实力最主要的综合指标，是决定企业产品结构是否合理的内在要素。

市场占有率，即我们常说的市场份额，是反映企业实力的指标之一，用以衡量企业市场地位的高低，与企业的规模、盈利能力等一起反映企业满足市场需求的能力状况。市场占有率高，表明企业盈利能力强、竞争能力强，在市场上处于有利地位；反之，则在市场上处于不利地位。那么市场占有率怎么算出来的？在此，我们介绍三种计算方法，涉及到市场占有率的三种情形：总体市场占有率/份额、目标市场占有率/份额、相对市场占有率/份额。

1.总体市场份额

指企业销售量/额在整个行业中所占的比重，计算公式为：

企业某产品的总体市场份额 = 企业自身销售量/额 ÷

整个行业市场的总销售量/额 × 100%

如一家企业的销售额为500万，整个行业的销售额为50亿，那么它的市场份额为500/500000×100%=0.1%。

2.目标市场份额

指企业销售量/额在其目标市场（即其所服务的市场）中所占的比重，计算公式为：

企业某产品的目标市场份额=企业自身销售量/额÷
目标市场的总销售量/额×100%

如一家企业的销售额为500万，其服务市场的销售额50亿，则其市场份额=500/500000×100%=0.1%。

3.相对市场份额

一般而言，相对市场份额的计算更有比较意义，更能反映出企业在市场中的竞争态势，因而，被采用的概率更高。

相对市场份额，又分为两种情形：

（1）与市场上最大的3个竞争对手的销售量/额之比

计算公式为：

企业某产品的相对市场份额=企业自身市场占有率÷
市场上三大竞争者共占的市场份额×100%

如一个企业的市场份额是30%，而它的3个最大竞争者的市场份额分别为20%，10%，10%，则该企业的相对市场份额就是30%÷（20%+10%+10%）=75%；

又如，如果一个市场上，所在企业与另外3个最大竞争者的市场份额都为25%，则该企业的相对市场份额就为33.33%。

（2）与市场上最大的竞争对手销售量/额之比

如果企业销售量/额与市场上最大竞争者销售量/额之比高于1，表明该企业为这一市场的领导者。

3.销售增长率与市场占有率的关联

作为决定产品结构是否合理的最主要内外要素的指标之间有什么样的关联呢？销售增长率与市场占有率既相互影响，又互为条件。

当市场引力大、销售增长率高，同时企业实力强、市场占有率也高时，相关产品市场前景良好；当市场引力大、销售增长率高，但企业实力不足、市场占有率不高时，相关产品则市场前景堪忧。当然，反之亦然。

4.波士顿矩阵的基本原理

波士顿矩阵是将企业所有产品从销售增长率和相对市场占有率两个维度进行组合。在坐标图上，以纵轴表示企业销售增长率，横轴表示市场占有率，通常我们使用相对市场占有率，即相关产品的市场份额来表示。坐标原点为占最大竞争对手的平均份额以及企业内部平均增长率。

具体而言，BCG通过三个方面来评价企业产品组合是否合理。

（1）用"市场增长率"评价各类产品的前景。BCG用"市场增长率"这一指标来表示企业各类产品的发展前景。数据可以从企业的经营分析系统中提取。

（2）用"相对市场份额"评价各项业务的竞争地位。BCG用"相对市场份额"这一指标来表示企业的竞争力。需要做市场调查才能得到相对准确的数据。

（3）用"圆圈"及其大小表示企业各类产品的销售额。BCG用在BCG矩阵图上的位置表明企业各类产品的销售额。具体方法是以产品在二维坐标上的坐标点为圆心画一个圆圈，同时用圆圈的大小来表示销售额的高低。

至此，企业就可以诊断各类产品的组合是否合理健康了。通常而言，太少的明星类和金牛类产品，太多的问题类、瘦狗类产品都是失衡的、不合理、不健康的，企业遭遇的发展风险极大。

拉夏贝尔La Chapelle，曾以中国版ZARA著称，曾经是一个在80后、90后女生圈子中风靡一时的品牌。上海拉夏贝尔服饰股份有限公司成立于2001年3月，定位于大众消费市场，是一家快时尚、多品牌、全直营时装集团，旗下一度拥有La Chapelle、Puella、Candie's、7m、La Babité、Pote、JACK WALK等多个服饰品牌。

从品牌定位来看，拉夏贝尔的产品线自女装延伸至男装及童装产品，这也是其被誉为中国版ZARA的缘由，拉夏贝尔创始人闽商邢加兴更是以对标ZARA为目标。自千禧年以来，拉夏贝尔旗下产品线深入挖掘国内市场，开始大规模铺设线下门店。至2017年年底，拉夏贝尔线下门店继续增加至9448个，重点布局二、三线城市门店。与此同时，拉夏贝尔买买买的旅程还在继续，2015年，拉夏贝尔收购了男装品牌杰克沃克。按照拉夏贝尔当时的想法，这一并购有助于集团巩固其在中国大众休闲服装市场的领导地位。但显然，并购杰克沃克没有给拉夏贝尔带来预期的效果：2018财年，杰克沃克营业收入1.71亿元的同时，亏损1.62亿元。

2019年10月16日，拉夏贝尔正式发声宣布：由于子公司杰克沃克持续亏损，拟向人民法院申请破产清算。拉夏贝尔相关负责人表示，未来拉夏贝尔将会收缩聚焦，"安安心心做女装"。

二、波士顿矩阵中的四类产品与四种策略

以相对市场份额做横轴，销售增长率为纵轴，将坐标图划分为四个不同的象限，将所有产品分为四类，依次为"明星类产品（★）""问题类产品（？）""金牛类产品（＄）""瘦狗类产品（×）"（图5-1），以便企业根据产品所处的不同象限，采取不同的产品分析规划决策。通过淘汰无发展前景的产品（瘦狗），保持有发展前景的产品（问号、明星、金牛）的合理组合，实现产品及资源配置之间的良性循环。

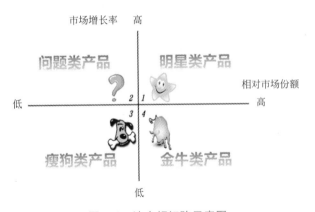

图 5-1 波士顿矩阵示意图

2020年4月15日，聚美优品已请求暂停其在纽交所的ADS交易，正式撤离美股。紧接着，聚美优品宣布完成私有化，成为母公司Super ROI的全资子公司。此次私有化成本仅为2美元/股，较发行价打了不足一折。

聚美优品成立于2010年，并于2014年5月16日在纽交所挂牌上市，彼时，聚美优品创始人陈欧成为纽交所220年来最年轻的CEO，时年仅31岁。"我是陈

欧，我为自己代言"，2012年凭借这句广告词，陈欧和他的聚美优品曝光在大众视野之下，一炮走红。当年作为首创"化妆品团购"模式的国内知名美妆电商，聚美优品精准找到了"女性"、"团购"以及"电商"这三大关键点，成立仅三年便创下销售额超60亿元的成绩，也一度坐稳了国内美妆电商的第一把交椅，其股价最巅峰时为39.45美元，市值更是达到57.8亿美元。

但自2014年7月开始，聚美优品遭遇了"假货风波"，股价被腰斩，市值蒸发近八成。之后一路滑坡，市值仅为2.27亿美元，不到巅峰时的5%。报财报，聚美优品在2015年到2018年的营收分别是73.4亿元、62.8亿元、58.2亿元、42.9亿元，活跃用户数分别是1610万、1540万、1510万、1070万，都出现了明显的下滑。为了扭转局势，聚美优品此前选择跨界转型，投资了母婴类电商平台宝宝树、智能家居领域，制造空气净化器，还成立了影视公司聚美影视拍电视剧，然而这些业务并未能遏制聚美优品的颓势。

最终，陈欧押中了共享充电宝这一风口，并于2017年斥资3亿元收购了共享充电宝街电约82%的股权。根据聚美优品公布的2018年财报显示，其21%的营收来自街电贡献的"市场服务"业务。根据艾媒咨询2019年发布的《中国共享充电宝行业研究报告》，街电的市场份额几乎占据了国内这一行业的半壁江山。截至2019年上半年，累计用户达1.07亿，为该行业首个累计用户数量突破亿级的平台。

然而，2020年的新冠疫情却让这个行业跟其他很多行业一样遭受了重挫。另外，资本市场对于共享充电宝业务的热度和盈利预期更加理性和冷静，这个业务能不能经得起资本市场的推敲目前还是个未知数，短期作为聚美优品的主业存在很大不确定性。

1.四类产品的特点

在销售增长率及相对市场占有率两个内外因素相互作用下，会出现以下四种不同性质的产品类型：

（1）明星类产品（高增长、高市占）。销售增长率和相对市场占有率"双高"的产品群。

通常这类产品是由企业对问题类产品继续投资发展起来的，其发展路径将成为企业未来的金牛类产品，为企业带来源源不断的现金流。但是此时企业必须要继续投资，与市场保持同步增长，并击退竞争对手。

如果企业没有明星类产品，就会失去希望，发展前景堪忧，但群星闪烁也未必是一件好事。此时要求企业必须具备从众多行星中识别行出恒星的能力，将有限的资源投入未来能发展成为金牛类产品的的恒星上。否则，极易导致误判，而做出错误决策，失去企业发展的时机。

（2）瘦狗类产品（低增长、低市占）。销售增长率和市场占有率"双低"的产品群。

这类产品也称衰退类产品，通常是微利甚至是亏损的，尽管瘦狗类产品不能产生大量的现金，也不需要投入大量现金，但需要占用企业很多资源，如资金、时间、精力等，多数时候得不偿失。这类产品几乎难以改进绩效，瘦狗类产品的存在多半是出于感情上考虑而不忍放弃，就像养了多年的狗一样割舍不了。其实，这类产品需要企业当机立断，进行出售或清算业务，以便把资源转移到更有利的产品领域。否则，当断不断反受其乱。

> 提到夏利，大部分人都对它不陌生，它承载了国人太多的回忆。在那个北京房价也才2000多元一平方米的年代，一辆夏利汽车就能卖到10万块，而且非常畅销。拥有一台夏利汽车成为了有钱人身份的象征。2000年，夏利汽车甚至还占据着全国40%的出租车市场份额，买不起夏利，但还是能坐上夏利。在夏利最鼎盛的时期，曾连续18年卫冕国内经济型轿车销量冠军。然而，随着中国经济高速发展，人们的生活水平逐步提高，各大中国车企纷纷发力，一汽夏利落后的产品和技术、低端的品牌形象无法得到消费者的认可，逐渐成为了边缘品牌。2013年起，夏利的销量开始出现滑铁卢，从2012年的18.5万辆下滑至13.5万辆；到了2018年，夏利在全国的销量只有不到2万辆。与此同时，夏利公司也开始出现连年亏损，2013年以来，夏利累计亏损高达82.33亿元。
>
> 2020年3月12日，一汽夏利发布公告称，公司的企业名称将更改为天津博郡汽车有限公司。这就意味着，一汽夏利之后不再具备汽车生产资质，从此退出历史舞台。

（3）问题类产品（高增长、低市占）。销售增长率高、市场占有率低的产品群。

这类产品位于产品生命周期的导入期，往往是企业的新业务，需要大量的资金投入。但这些产品往往又具有很强的投机性，带有较大的风险。尽管增长快、利润率高，但市场份额很小。对于是否继续投资发展该类产品这个问题，需要企业谨慎决策。

如果符合企业发展长远目标、能够增强企业核心竞争力，同时企业自身又具有资源优势，可考虑资金投入来发展该类产品，以保证其市场份额的显著增长，发展成明星类产品。

（4）金牛类产品（低增长、高市占）。销售增长率低、市场占有率高的产品群。

这类产品又称厚利产品，位于产品生命周期的成熟期，能为企业带来大量的现金，但未来增长前景却有限。金牛类产品往往是成熟市场中的领导者，享有规模经济和高边际利润的优势，因而能给企业带来大量现金流。由于此时市场已经成熟，产品又居于市场领导地位，企业不必进行大量投资。在保持市场份额的同时，关键要考虑金牛类产品未来的走向，需要在其发展顶峰时就提前谋划转换成问题产品，否则，一旦错过时机，极易衰落成瘦狗类产品，致使企业发展失利。

2019年第三季度，网易净利润相对于2018年增长了约111亿元，这大幅度的提升很大程度上得益于网易所进行的一系列产品精简行为。

2019年9月6日，网易与阿里巴巴共同宣布达成战略合作，网易以20亿美元的价格将考拉海购整体卖给了阿里集团，考拉品牌将保持独立运营并与天猫国际并行。网易考拉虽然营收大，但盈利能力却不够强。2019年第二季度，网易电商业务净收入52.5亿元，而毛利率只有10.9%；网易的"瘦身"并非只局限于电商业务，部分看似不痛不痒的业务也和考拉的命运一样。2019年11月9日，主营业务为数字阅读的平治信息发布公告称，拟以1.5亿元收购网易云阅读的全部核心资产和NetEase Digital持有的网易文漫100%股权。

如今，游戏业务依然是网易营收的支柱，2019年第三季度，网易在线游戏业务收入为115.35亿元，同比增长11.5%，在总营收中所占的比例高达78.8%。从短期来看，游戏业务很有可能成为网易的一针"强心剂"。

2.波士顿矩阵的四种战略

在明确了各类产品在波士顿矩阵中的不同位置和特点后，就需要进一步明确战略目标。通常有四种战略目标分别适用于不同产品类型。

（1）发展战略。发展战略目标主要针对有发展前途的问题类产品以及明星类产品中的恒星产品。对明星类产品企业继续进行大量投资，促使产品迅速发展；对问题类产品，应采取选择性投资战略，寻求长远利益，提升产品的市场份额，积极扩大经济规模和市场机会，加强竞争地位。就管理而言，针对明星类产品，最好采用事业部制，负责人应对生产和销售都比较在行；而针对问题类产品，则应采取智囊团或项目组织等管理形式，责任人应敢于冒风险、德才兼备。

（2）维持战略。维持战略目标主要针对为企业带来现金流的金牛类产品。企业投资维持现状，以保持现有的市场份额。

（3）收获战略。收获战略目标主要针对处境不佳的金牛类产品以及没有发展前景的问题类产品和瘦狗类产品。这一战略实质上是一种榨取，目的是在短期内尽可能地获得最大限度的现金收入，成为企业回收资金，支持其他产品，尤其明星产品投资的后盾。

对于仍然有所增长的产品，应进一步进行市场细分，维持现存市场增长率或延缓其下降速度。相关产品适合用事业部制进行管理，负责人最好对营销在行。

（4）放弃战略。又称撤退战略，其目标主要针对无利可图的瘦狗类产品及问题类产品。企业通常会进行出售或清算业务，以便把资源转移到更有利的产品领域。具体做法，可有以下形式：立即淘汰、逐渐撤退、合并。对那些销售增长率和市场占有率均极低的产品，立即淘汰；对其他产品分批次逐渐撤退；对瘦狗类产品的管理最好整顿后与其他事业部合并。

三、波士顿矩阵的应用法则

通常情况下，产品市场占有率越高，创造利润的能力越大。另一方面，销售增长率越高，为了维持其增长及扩大市场占有率所需的资金也越多。这样才可以使企业的产品结构实现产品互相支持，资金良性循环的局面。按照产品在象限内的位置及移动趋势的划分，形成了波士顿矩阵的四种基本应用法则。

第一法则：成功的月牙环。在企业所从事的事业领域内各种产品的分布若显示月牙环形，这是成功企业的象征，因为盈利大的产品不止一个，还有不少明星产品。问题产品和瘦狗产品数量较少（图5-2）。

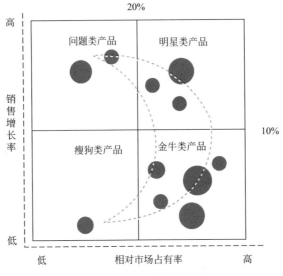

图 5-2　月牙法则示意图

　　1994年，九阳第一台豆浆机诞生。一把大豆、一杯水倒进机器，十几分钟后就变成了一杯醇香豆浆。九阳豆浆机让制作豆浆变得如此简单，也因此走进了寻常百姓家。2008年5月28日，九阳在深圳证券交易所上市。2014年，九阳销售额59.43亿，九阳第1亿个豆浆机用户诞生，产品覆盖全国30多个省、自治区、市，并远销日本、美国、新加坡、印尼、泰国等20多个国家和地区。目前，九阳在健康饮食电器领域不断拓展，新产品层出不穷。主要产品涵盖豆浆机、面条机、原汁机、电压力煲、电磁炉、料理机、电炖锅、开水煲、电饭煲、洗碗机、炒菜机等多个系列三百多个型号，配套健康饮食，"阳光豆坊"子品牌专注研究豆浆原料和五谷粉等五谷健康食品。

　　九阳持续的产品组合创新带来了品类容量、市场份额和盈利的增长。其创新价值表现为企业明星产品和现金牛产品队伍的不断壮大，并通过消费者用更高的价格买单而实现。九阳通过丰富自身的产品矩阵，从豆浆机独大，成长为市场冠军（豆浆机、榨汁机）、传统小电（电饭煲、压力锅、开水煲等）、明星单品（面条机、One cup随饮机）三足鼎立的结构。动态来看，产品组合的梯队推进是公司增长的持续来源：明星产品的不断诞生、问题产品（净水器）推广障碍解决后成为新明星、瘦狗产品（电饭煲等）市场份额持续扩大成为新的现金牛。同时，网络销售的发展，也使长尾的产品需求实现成为可能，充分的市场选择将使大单品加速形成。

第二法则：黑球失败法则。如果在第四象限中一个产品都没有，或者即使有，其销售收入也几乎近于零，可用一个大黑球表示，该种状况显示企业没有任何盈利大的产品，企业流动资金较为缺乏，产品结构非常不合理（图5-3）。

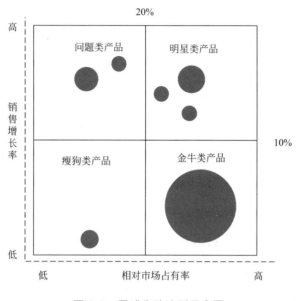

图 5-3　黑球失败法则示意图

第三法则：大吉法则。即东北方向大吉。企业中的产品分布在第一象限越多，也就是越是集中于东北方向，则表示明星产品越多，发展潜力大，市场前景好，说明企业的产品结构合理。

第四法则：踊跃移动速度法则。从每个产品的发展过程及趋势看，产品的销售增长率越高，为维持其持续增长所需资金量也相对越高；而市场占有率越大，创造利润的能力越大，持续时间也相对长一些。按正常趋势，问题产品经明星产品最后进入现金牛产品阶段，标志了该产品从纯资金耗费到为企业提供效益的发展过程，但是这一趋势移动速度的快慢也影响到其所能提供的收益的大小。如果某一产品从问题产品（包括从瘦狗产品）变成现金牛产品的移动速度太快，说明其在高投资与高利润率的明星区域的时间很短，因此对企业提供利润的可能性及持续时间都不会太长，总的贡献也不大；但是相反，如果产品发展速度太慢，在某一象限内停留时间过长，则该产品也很快会被淘汰。

四、波士顿矩阵的建立步骤

第一步：确定坐标原点、坐标轴，绘制出四象限坐标图

1.核算销售增长率及相对市场份额

销售增长率可以用本企业的产品销售额或销售量增长率。时间可以是一年或是三年以至更长时间。

市场占有率，要用相对市场占有率。切记，波士顿矩阵选用的是相对市场占有率，以此来表示企业的竞争力或者企业各类产品的市场竞争地位，请务必使用最新资料。在计算相对市场占有率时，需要通过相应的市场调查收集本行业竞争对手的信息。获得竞争对手的数据后，相对市场占有率的具体计算方法为：本企业的企业销售量/额÷市场上最大竞争者销售量/额×100%。

2.确定原点坐标

横坐标的原点为相对平均市场占有率；纵坐标的原点为企业年销售增长率。用此种方法的话，也同时确定了横坐标轴与纵坐标轴，绘制出来后，也就确定了坐标图的四个象限了。

以下是某家企业的销售数据（表5-1），我们具体来看看，如何通过计算确定坐标原点。

表 5-1　某行业销售数据

企业	销售总额
企业 1	430712.52
企业 2	1104716.61
企业 3	203537.61
企业 4	1371694
企业 5	7976.92
企业 6	16061.74
企业 7	2297.4
企业 8	215877.64
企业 9	179854.53
企业 10	25815.44
企业 11	134707.65
企业 12	668688.88
总计	4361940.94

（1）横坐标轴原点

如表5-1所示，本企业为列表中的企业1，年销售总额为430712.52元；行业内第一的企业为企业4，年销售总额为1371694元。根据公式：平均相对市场份额=本企业销售总额÷行业最大竞争企业销售总额×100%，带入数据计算后得到31.4%，故将31.4%确定为波士顿矩阵横轴原点（如图5-4所示）。

（2）纵坐标原点

查询本企业的销售数据为：当年本企业销售额93253014.99元；

前一年本企业销售额：103553407.5元。

根据公式：企业销售增长率=本年企业销售增长额÷上年企业销售额=（本年企业销售额−上年企业销售额）÷上年企业销售额，带入数据计算后得到−9.95%，故将−9.95%确定为波士顿矩阵纵坐标原点（如图5-4所示）。

原点确定了，整个坐标图也就被横轴和纵轴分成四个象限了。

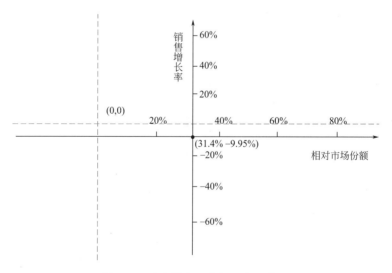

图5-4　确定某企业坐标原点示意图

当然也有一种更为简单的方法，就是分别以10%的销售增长率以及20%的相对市场份额作为横轴和纵轴，这样，相交点即为坐标原点。此方法，更多地倾向于经验值，故此处不再赘述。

第二步：确定各类产品在四象限矩阵图中的位置

根据本企业的各类产品的销售增长率以及相对市场份额，在坐标图上标出其相对应的位置。表5-2为这家企业各类产品的销售增长率以及相对市场份额的数据，将其分别标注在坐标图上，每类产品所落在的象限也就清楚地展示出来了（如图5-5所示）。

表 5-2　某企业各类产品市场数据

产品	销售增长率	相对市场份额
A	17.43%	150%
B	219.73%	24.46%
C	3.44%	30%
D	16.25%	200%
E	−28.45%	39.05%
F	−46.46%	5.11%
G	48%	50.75%
H	56.88%	0.99%
I	−23.14%	0.1%
J	−33%	1.58%
K	−53.59%	8.59%

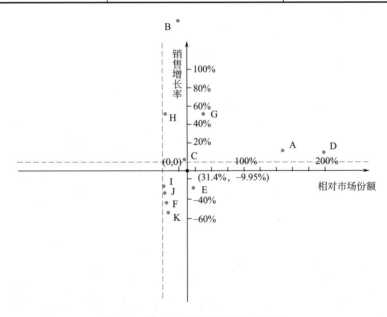

图 5-5　某企业各类产品定位示意图

每类产品的位置确定后，还可以按每类产品当年销售额的多少，绘成面积不等的圆圈，以便更加清晰地表明其实际的销售情况，为下一步确定企业的策略打下基础。

第三步：确定产品策略

根据波士顿矩阵提出的四种策略，结合具体情况分别对各类不同的产品进行分析与规划。这其中就要涉及到发展、收获、维持与放弃策略。需要跟四类产品的市场表现以及企业自身的战略规划来进行，因前文有详细介绍，此处不再展开详细讨论。

A企业产品主要有童车、电车遥控类玩具、DIY玩具、芭比娃娃、毛绒玩偶、益智类积木，产品的年销售情况如表5-3所示。

表 5-3　A企业年销售情况表

产品	销售额 / 万元	相对市场占有率 /%	销售同比增长率 /%
童车	1500	1.3	20
电动玩具	800	0.3	1
DIY 玩具	500	0.5	15
芭比娃娃	1000	1.2	8
毛绒玩具	2500	1.5	5
益智类积木	4000	2.0	12

根据A企业的销售数据，可以画出其波士顿矩阵，通过图5-6的展示，可以很清楚地看到不同产品所处的位置。

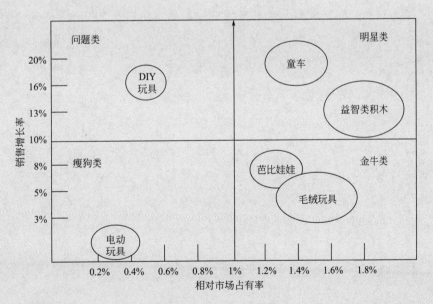

图 5-6　A企业波士顿矩阵

现金牛产品：毛绒玩具、芭比娃娃。这两种产品市场增长率不高，但是市场相对占有率较高，可以为企业提供较好的利润，这类产品通常并不需要进行过多的市场维护和资源投入，其产品销量主要来自消费者的习惯性消费，产品的自然流动性较好，但是这类产品要随时注意竞争者的动态，以竞争为营销策略的导向。

明星类产品：童车、益智类积木。这两种产品处于高速增长期，需要企业投入较大的资源去扶持和提升，这类产品通常会有两种情况，一种是产品随行业性普遍的增长而增长，第二种是行业性没有增长，而本企业产品在高速成长。两种不同的增长必定采用不用的营销策略，所以必须要分清楚。对于A企业来说，童车这个品类的增长是行业性的增长，那么童车的竞争相对较小，资源投入也可以相对小些，做些普通的促销推广工作就可以了；而益智类积木这个品类是企业产品的增长，而非行业性增长，这个增长意味着A企业需要从竞争对手处抢夺市场份额，资源投入相对来说大得多，而能否保持持续增长也并不只取决于A企业自身的市场资源投入，同时还要考虑竞争对手的市场投入情况，所以A企业的童车可以为企业提供一定的现金流，而益智类积木则需要投入大量的资源，为企业贡献的现金流和利润相对来说小得多。所以对于这两个产品，童车是一个可以重点培养的产品，而益智类积木则应该是费用控制型产品。

问题类产品：DIY玩具。这个产品有较高的市场增长率，但是市场占有率很低，通常这种增长更多的是行业性的增长，所以对于A企业来说，DIY玩具是一个机会，但是这个机会的大小取决于竞争对手实力的强弱，资源投入的大小。A企业在DIY玩具的营销策略方面应该是在企业资源条件具备的前提下重点投入，有效投入。

劣狗类：电动玩具。对于A企业来说，电动玩具是一个相对市场占有率很低，市场增长率也很低的产品，对于这个产品，A企业进行资源投入的成效也不大，建议企业应该放弃。

五、团队任务——波士顿矩阵模型的运用

对于波士顿矩阵的运用，主要在于两点：一是通过四象限图的绘制确定产品的四种不同类别——问题、明星、金牛、瘦狗；二是通过产品类型，结合产品市场表现与企业的战略，确定产品策略，进行投资的分配。在本节团队任务中，你将通过已给出的企业销售数据（表5-4），绘制出波士顿矩阵图，然后对每一类产品进行分析和规划，

确定相应产品策略。

表 5-4　某公司各类产品的市场数据

产品	相对市场占有率	销售增长率	利润 / 万元
A	18.98%	17.6%	105.1
B	7.2%	27.9%	52.4
C	13.3%	11.4%	78.9
D	4.38%	9%	23.2
E	18.6%	5.3%	73.3
F	17%	25.3%	48.5
G	5%	6.3%	61.7
H	7%	13.2%	31.4

■【任务目标】

通过团队学习，掌握波士顿模型的绘制及四类产品与四种战略之间的组合，通过产品分析与规划，为企业的资源配置提供建议。

■【任务要求】

1.利用产品数据绘制波士顿矩阵四象限图（建议使用Excel进行绘制）；

2.进行产品分析与规划，提出产品策略与企业资源配置建议。

■【任务准备】

线下知识：查阅有关波士顿矩阵的相关参考文献或书籍。

线上知识：各类在线学习资源平台，以知识搜索及在线课程为主。

【任务实施】

步骤一：自学有关波士顿矩阵的相关知识以及利用Excel绘制四象限图的方法；

步骤二：学习要点记录；

步骤三：团队讨论绘制波士顿矩阵四象限图的方法；

步骤四：利用Excel工具完成波士顿矩阵四象限图的绘制；

步骤五：团队讨论并提出各类产品策略建议；

步骤六：完成团队任务并提交作业；

步骤七：团队间的分享交流；

步骤八：作业修改；

步骤九：任务反思及改进。

■【任务记录】

学习要点记录

请将学习要点记录在以下空格处

波士顿矩阵的运用技巧：

波士顿矩阵的优势与不足：

产品生命周期与波士顿矩阵之间的关系：

使用Excel绘制波士顿矩阵四象限图的关键点：

波士顿矩阵绘制及产品策略建议

（以下为建议模板。学习团队可根据具体实况进行增减及其他修改。）

一、任务题目

二、任务目的

三、任务工具

四、任务步骤

五、任务成果

（一）波士顿矩阵图绘制（请将图附在此处，注意表示产品圆圈的大小要体现出来）

（二）四类产品的特点

（三）产品策略建议

六、不足与改进

【任务反思】

团队间分享交流后，任务修改要点：＿＿＿＿＿＿＿＿＿＿＿＿＿＿＿＿＿＿＿＿＿

＿＿＿＿＿＿＿＿＿＿＿＿＿＿＿＿＿＿＿＿＿＿＿＿＿＿＿＿＿＿＿＿＿＿＿＿＿＿＿

本次任务反思：＿＿＿＿＿＿＿＿＿＿＿＿＿＿＿＿＿＿＿＿＿＿＿＿＿＿＿＿＿＿＿

＿＿＿＿＿＿＿＿＿＿＿＿＿＿＿＿＿＿＿＿＿＿＿＿＿＿＿＿＿＿＿＿＿＿＿＿＿＿＿

【任务评价】

评委1	授课教师（签名）：	评分1：	被考评小组	
评委2	企业导师（签名）：	评分2：	最终成绩	
评委3	学生代表（签名）：	评分3：	组长（签名）	
考评内容	团队任务考评标准			
考评标准	内容		分值（分）	得分（分）
	阅读不少于两篇/本参考文献/书籍		10	
	线上课程资源平台学习不少于10分钟		10	
	完成学习要点笔记		10	
	完成团队内讨论		20	
	完成任务作业并按时提交		20	
	完成团队间分享交流		10	
	完成作业修改及任务反思		20	
合计			100	

注：本次任务的评价标准（总分100分）仅供参考。要求至少三位评委（含授课教师、企业导师、学生代表），每位评委根据任务完成的质量给出分数/等级，最后取平均分为任务团队的最终成绩评定。考评满分为100分，60～69分为及格；70～79分为中；80～89分为良好；90分以上为优秀。

学生自我评价：＿＿＿＿＿＿＿＿＿＿＿＿＿＿＿＿＿＿＿＿＿＿＿＿＿＿＿＿＿＿＿

＿＿＿＿＿＿＿＿＿＿＿＿＿＿＿＿＿＿＿＿＿＿＿＿＿＿＿＿＿＿＿＿＿＿＿＿＿＿＿

小组评价：＿＿＿＿＿＿＿＿＿＿＿＿＿＿＿＿＿＿＿＿＿＿＿＿＿＿＿＿＿＿＿＿＿＿

＿＿＿＿＿＿＿＿＿＿＿＿＿＿＿＿＿＿＿＿＿＿＿＿＿＿＿＿＿＿＿＿＿＿＿＿＿＿＿

指导教师评价：＿＿＿＿＿＿＿＿＿＿＿＿＿＿＿＿＿＿＿＿＿＿＿＿＿＿＿＿＿＿＿

＿＿＿＿＿＿＿＿＿＿＿＿＿＿＿＿＿＿＿＿＿＿＿＿＿＿＿＿＿＿＿＿＿＿＿＿＿＿＿

1. 项目目标

通过项目训练，进一步巩固波士顿矩阵模型的运用，通过分析规划具体的产品，确定相应的产品策略。

2. 项目背景

以目前餐饮市场为例，能经久不衰的餐饮品牌并不多，"干不过一年就倒掉"成为餐饮品牌中常有的事。作为入口的行业，人们为吃花掉超过14万亿，可当前的整体市场规模也就不到4万亿。近些年来，餐饮市场竞争不断加剧。为了实现品牌的差异化，总会有新品推出，为了更好地管理产品，我们来一起分析以下产品的策略。

某一餐饮公司经营A、B、C、D、E、F、G，一共7种产品，公司可用资金50万。经对前半年的市场销售统计分析，发现：

（1）A、B产品业务量为总业务量的70%，两个产品的利润占到总利润的75%，在本地市场占主导地位。但这两个产品是经营了几年的老产品，从去年开始市场销售增长率已成下降趋势，前半年甚至只能维持原来业务量；

（2）C、D、E三个产品是新开辟的产品。其中C、D两个产品前半年表现抢眼，C产品销售增长了20%，D产品增长了18%，且在本区域内尚未见到竞争对手。E产品是高档产品，利润率高，销售增长率也超过了10%，但在本地竞争激烈，该产品其他两家主要竞争对手所占市场比率达到70%，而该公司只占到10%左右；

（3）F、G两个产品市场销售量下降严重，有被C、D产品替代的趋势，且在竞争中处于下风，并出现了滞销和亏损现象。

3. 项目要求

认真阅读项目训练案例，根据波士顿矩阵原理，分析说明该餐饮公司的7种产品应分别采取什么样的产品策略？

参考文献

[1] 周耀烈. 思维创新与创造力开发 [M]. 杭州：浙江大学出版社，2008.

[2] 罗伯特·G·库珀. 新产品开发流程管理：以市场为驱动 [M]. 青铜器软件公司，译. 北京：电子工业出版社，2013.

[3] 邵宋邵. 基于 Stage-Gate 方法的 A 公司新产品开发流程改进研究 [D]. 上海：华东理工大学，2017.

[4] 董文尧. 质量管理学 [M]. 北京：清华大学出版社，2006.

[5] 罗伯特·雅各布斯，理查德·蔡司. 运营管理 [M]. 苏强，霍佳震，邱灿华，译. 北京：机械工业出版社，2020.

[6] 白瑗峥. 企业经营战略概论 [M]. 北京：中国人民大学出版社，2018.

[7] 毕克贵. 市场营销学 [M]. 北京：中国人民大学出版社，2018.

[8] 史蒂文·海恩斯. 产品经理装备书 [M]. 余锋等，译. 北京：机械工业出版社，2017.

[9] 姚飞. 创业营销理论与案例 [M]. 北京：经济科学出版社，2012.

[10] 张甲华. 产品战略规划 [M]. 北京：清华大学出版社，2014.